书山有路勤为径，优质资源伴你行
注册世纪波学院会员，享精品图书增值服务

教练的本质

回放式探究的运用指南

COACH THE PERSON,
NOT THE PROBLEM

A GUIDE TO USING REFLECTIVE INQUIRY

[美] 玛莎·雷诺兹（Marcia Reynolds）◎著
隋宜军◎译　何朝霞◎审校

电子工业出版社
Publishing House of Electronics Industry
北京·BEIJING

Coach the Person, Not the Problem: A Guide to Using Reflective Inquiry by Marcia Reynolds Copyright © 2020 by Marcia Reynolds
Simplified Chinese translation edition copyright © 2021 by Publishing House of Electronics Industry.
All rights reserved.
Copyright licensed by Berrett-Koehler Publishers arranged with Andrew Nurnberg Associates International Limited

本书简体中文版经由 Berrett-Koehler Publishers 授权电子工业出版社独家出版发行。未经书面许可，不得以任何方式抄袭、复制或节录本书中的任何内容。

版权贸易合同登记号　图字：01-2021-2023

图书在版编目（CIP）数据

教练的本质：回放式探究的运用指南／（美）玛莎·雷诺兹（Marcia Reynolds）著；隋宜军译. —北京：电子工业出版社，2021.11（2025.9重印）
书名原文：Coach the Person, Not the Problem: A Guide to Using Reflective Inquiry
ISBN 978-7-121-41930-0

Ⅰ.①教… Ⅱ.①玛…②隋… Ⅲ.①企业管理－指南 Ⅳ.① F272-62

中国版本图书馆 CIP 数据核字（2021）第 186525 号

责任编辑：吴亚芬
印　　刷：涿州市京南印刷厂
装　　订：涿州市京南印刷厂
出版发行：电子工业出版社
　　　　　北京市海淀区万寿路173信箱　邮编100036
开　　本：720×1000　1/16　印张：12.75　字数：178千字
版　　次：2021年11月第1版
印　　次：2025年9月第17次印刷
定　　价：68.00元

凡所购买电子工业出版社图书有缺损问题，请向购买书店调换。若书店售缺，请与本社发行部联系，联系及邮购电话：(010) 88254888，88258888。
质量投诉请发邮件至zlts@phei.com.cn，盗版侵权举报请发邮件至dbqq@phei.com.cn。
本书咨询联系方式：(010) 88254199，sjb@phei.com.cn。

献给我的父母，他们从不放弃我，
无论我制造出多少问题。

审校者序

我是在学习与实践教练八九年之后，才慢慢体悟到：教练的成长是一个从无到有、从有到无的过程。尤其是在参加创问中国教练中心的大师级教练认证培训第一期之后，我对这一点感触尤为深刻。

初识教练，内心的激动和热情使我们描绘出一条崭新的人生之路，于是我们开始学习教练技术。我们一次次模仿教练谈话，我们开始教练第一位客户，我们向朋友和家人说起教练的神奇之处。我们不知疲倦地参加教练培训班、阅读教练书籍，我们急切地想要参透教练的奥秘，掌握核心教练能力。随着教练知识和经验的积累，我们渐渐成长为信心满满的专业教练，完成了从无到有的进化。

教练知识和教练经验塑造了我们的教练身份，让我们坚信自己拥有强大的教练能力，让我们自如地驾驭每一次教练谈话，然而，此时的我们也进入了教练成长的瓶颈期。一方面，我们的教练工作倾向于模式化，我们在谈话中套用某个教练模型，不管是教练界广为流传的模型，还是我们自己在实践中探索出的模型，我们越来越熟练地运用这个模型，直到我们甚至意识不到它的存在。另一方面，我们成为解决问题的专家，总能一眼看到问题的症结所在，总能先于客户找到问题的答案，总能让客户认可我们的观点。我们赢得了越来越多的来自客户的感谢，但是我们总觉得离大师级水平还差点什么。

还差什么呢？也许我们与大师的差距恰恰在于我们知道的太多了。

古人云："为学日益，为道日损。""损"用现在的话来说就是"做减法"。要想进入教练的更高层次，就要做减法。这就是教练成长过程中的"从有到无"。

首先，此时的"无"是向初始的回归。当然，我们不是要回到最初的一无所知，而是要回到初学者的心态，即铃木禅师所说的"初心"。初心是向无限的可能性开放的，犹如婴儿一般对一切充满好奇又勇于探索。新手教练的好奇心可以弥补教练技术上的不足，为客户创造出价值。经验丰富的教练若能保持或找回初心，必然能为客户实现更多的教练价值。

其次，此时的"无"是对经验和专业的反思。经验和专业通常被理解为正向的、积极的，但是我们不应忽视其负面影响，如经验主义和教条主义。就其负面影响而言，经验会产生思维定式，专业则导致封闭固执。由经验和专业构成的专家形象往往会掩盖思想认识的僵化。我们越是执着于过去的经验，越是坚信我们的专业能力，我们就越难以突破自我。只有对经验和专业发起挑战，我们才有可能打破僵化思维，实现新的飞跃。

最后，此时的"无"是对"无我"的追求。教练应该放下"我"的主观臆测和价值评判，这一点每位教练都知道，然而有几个人能够真正做到呢？当我们不断要求自己"无我"，或者懊悔自己"有我"的时候，我们已经处在强大的"我"的执念之中了。不必强求"无我"，而是在"我"出现时及时觉察并将其放下。"无我"并不是对"我"的否定，而是从超脱的视角对"我"的静观和包容。"无我"可以为我们创造最佳的当下感，为客户带来最佳的教练体验。"无我"是我们作为教练毕生的修炼目标，是大师级水平的核心要素。

简单地说，从无到有是一个积累的过程，从有到无则是一个升华的过程。教练的成长是积累和升华的糅合，既要有开放的学习态度，又要有深刻的内心领悟。玛莎老师的这部新作与我们分享的正是这种态度和领悟。

鉴于教练行业多年发展所带来的诸如流派繁多、书籍繁杂等问题，本书从教练的本质入手，为我们澄清了当前普遍存在的教练误区，并将教练技术化繁为简，提出了五大核心实践。同时，本书吸收了玛莎老师在心理学和情商方面的研究成果，着眼于提升教练状态，以确保教练技术发挥出应有的效力。此外，玛莎老师在书中运用了大量的案例，向我们分享了她数十年的教练心得，这些案例所蕴含的教练智慧是教练界的宝贵财富。不仅新手教练能从本书中获得从事教练工作的勇气和信心，资深教练也能从本书中得到深刻的领会和启迪。

玛莎老师著书颇丰，之前已有《不适区》《超越你的大脑》两部著作先后引入中国，受到国内教练界的好评。玛莎老师作为全球教练行业的先行者，致力于在世界范围内推广教练文化，始终如一地践行教练理念。她的教练人生是教练界的传奇，她的著作也如她的课程一样，总能将高深的理论转化为指导读者前进的行动步骤。

本书原著于2020年在美国出版，幸得电子工业出版社慧眼识珠，第一时间将本书引荐给中国读者。中国的教练事业方兴未艾，我们相信本书的引入将为国内教练界带来更多的冲击、活力和变革。愿本书所传递的教练精神赋予所有教练新的力量和勇气。

让我们带着爱生活，共创一个连接的世界。

创问中国教练中心创始人

何朝霞

目 录

导言　发问不等于探究 001

第1部分　什么是教练谈话 009

 第1章　是什么让教练工作如此有力 019

 第2章　错误的教练信念 035

第2部分　五大核心实践 051

 第3章　聚焦：教练人，而非问题 055

 第4章　主动回放：回放关键片段以供检查 063

 第5章　打开客户的思维：发现真正的需求 089

 第6章　守住目标：坚持到底 111

 第7章　创新与展望：教练领悟和承诺 135

第3部分　三大思维习惯 147

 第8章　调整大脑——培养你的当下感 153

第9章　接收信息（不只是倾听）...................... 165

第10章　觉察评判并将其释放 175

结 语　超越谈话：将教练作为一种生活方式和文化............**187**

致 谢 **193**

关于作者 **195**

导言
发问不等于探究

许多关于领导行为和教练原则的通俗读物都为发问罗列出了各种规则。常见的规则包括提出开放性问题,以"什么""何时""何地""如何""谁"这些词开头,避免提出以"为什么"开头的问题。

以上这些建议有一定的误导性。

教练和领导者们会用更多的时间去竭力回想他们应该如何发问,而不是关注他们正在教练的这个人。[1]结果,他们在教练过程中逐条核查,确保他们的发问遵循他们在教练课堂或领导力工作坊中学到的模式,这更有可能令客户感到沮丧而不是得到支持。

教练们不仅用更多的时间去思索而不是倾听,而且使教练工作变得复杂。他们没有意识到,与寻求神奇的发问相比,运用总结、改述、区分等回放式陈述可能会更有力量,而且更容易。当一位教练做出回放式陈述之后再发问时,这个发问更有可能是出于好奇而不是基于记忆。此时,即便是一个封闭式问题也可能会带来思想上的突破。

教练工作应该是一个探究的过程,而不是一系列的发问。探究的目的不是找到解决方案,而是激发客户对自身思想的批判性思考。探究可以帮助客户发现他们逻辑上的漏洞,评估他们的信念,并澄清对他们的选择产生影响的恐惧和渴望。当他们的思想被重新安排或扩展时,解决方

---

[1] 从这里开始,教练这个词作为名词时指的是运用本书介绍的各项技术和能力的任何人,无论是专业教练、企业的内部教练或领导者、还是运用教练方式的谈话者。客户这个词指的是接受教练辅导的人。客户包含那些不支付教练费用的人,如员工和同事。

案就出现了。

那些促使我们反观大脑的陈述都是回放式的。它们引发反思。回放式陈述包括重述、标注、运用隐喻、发现关键点或矛盾之处，以及识别情绪变化。探究是发问和回放式陈述的结合。

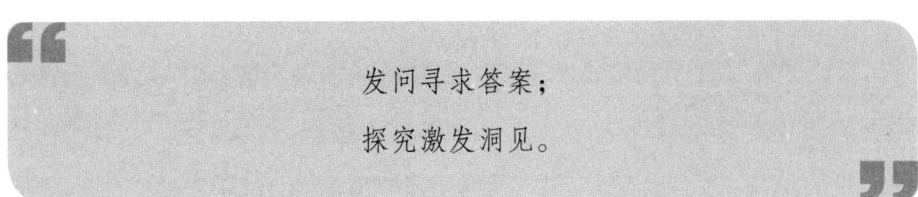

> 发问寻求答案；
> 探究激发洞见。

当在教练过程中运用回放式陈述时，客户会听到自己的话语，看到自己的信念如何形成自己的感知，并且面对自己正在表达的情绪。此时，一个跟进的发问，如寻求确认的问题（在你看来这是真的吗？），或者一个推进探索的发问（这时教练会好奇地询问"什么""何时""何地""如何""谁"），将激发客户深入地思考。

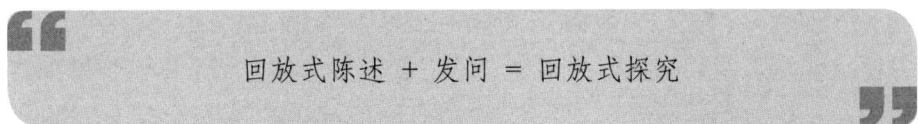

> 回放式陈述 + 发问 = 回放式探究

在发问之上增加回放式陈述将使教练过程更加自然和轻松。你不必为构思突破性发问而担忧。

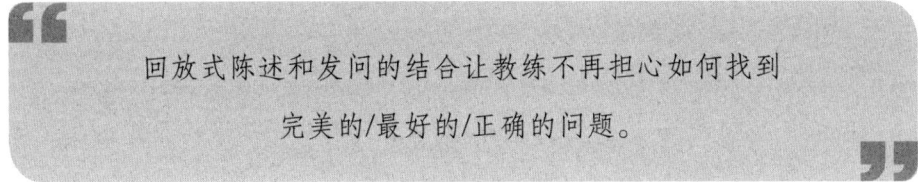

> 回放式陈述和发问的结合让教练不再担心如何找到
> 完美的/最好的/正确的问题。

一些自称教练的专业人士会为了决定给出什么建议而发问。他们批评国际教练联合会（Internation Coaching Federation，ICF）对发问的规定过于僵化。一位哈佛心理学教授曾对我说，她不是一位ICF认证教练，因为她那些身居要职的客户不希望她询问他们的感受。"询问他们的想法和情绪是浪费时间，"她说，"他们需要的是我的专业知识。他们一筹莫展，因而需要建议或鼓励。"可能那是她的客户所需要的，但那不是教练。那是居高临下的指导。

当"教练"这个词被那些喜欢给出建议的人滥用时，我担心教练作为独立的职业会深受其害。教练是一种有效的技术，可以帮助人们迅速地重构思维框架、转换视角并重新定义自我和处境。对于那些陷入自己的故事和感知的人，教练们扮演着思维伙伴的角色。他们帮助客户更开阔地独立思考，超越那些导致混乱的恐惧、固有的信念和不成熟的假设——它们限制了那些可能的行动。因为拥有这种新的视角，与被告知如何去做相比，客户更有可能发现新的解决方案，将那些拖延的方案付诸实施，并且投入到长期的行为改变中。

教练的目标是让客户停下来并质疑那些限制他们视角的想法和行为，以便他们能够看到一条新的前进之路去实现自己的愿望。各种回放为客户提供了即时的重现，让他们观察自己讲述的故事。随后的发问帮助客户看清他们正在运用的信念和行为模式。他们自己会认识到哪些模式是不奏效的，甚至是有害的。如果你在教练过程中保持耐心和尊重，你的客户很可能会清晰地看到他们需要做什么，而你根本不必给出高明的建议。

回放式探究作为一项强有力的学习技术已经被运用了百余年之久。我将在本书第1部分说明回放式探究的起源。

教练工作不应该这么艰难

以关心和欣赏的当下状态来运用回放式探究，这会创建一种良好的关系，使客户感到安全，愿意批判性地探索自己的思维方式。如果客户在深入地探索他们的障碍，他们就会自然而然地向深处挖掘。听到自己的话会促使客户心甘情愿地剖析自己所说的话的意义。当他们的行为违背了自己的核心价值观和愿望并为此辩解时，他们也会承认。

当你作为思维伙伴而不是专家进行教练时，你的工作是把客户给你的东西抓住并归还。你不必构思精巧的问题。你不必弄清楚你想说的话是出于直觉还是你自己需求的赤裸裸的投射。你不必拥有全部的答案。只要你把听到的和看到的，或许再加上你感觉到的东西，以客观、中立的方式与客户分享，你就是一位好教练。

在你把听到、看到和感觉到的东西分享之后，你很可能会问一个问题，但这个问题是出自你的回放，而不是来自被滥用的"好问题"清单。

当我传授这些技巧时，来自世界各地的教练们是这样说的：

"谢谢您。您让我不再强迫自己提出完美的问题。"

"在看到您如何教练之后，我感觉比以前轻松多了。"

"您教会我如何在教练工作中享受乐趣。"

"太棒了！保持当下感，成为客户的镜子，放轻松！"

本书将证明这一点：任何想要运用教练方式谈话的人都能够借助回放式探究获得更多的当下感和成效。书中的诸多方法和实例将为你演示如何取得难忘又重要的成果，无论你是一位专业教练，还是一位运用教练方式谈话的领导者、家长、老师或朋友。

本书的主要内容

第1部分聚焦于教练人的谈话需要什么样的实践，以帮助客户更好地思考如何走出困境。由于"教练"这个词已被用在各种不同的活动上，所以我希望我们首先对将要探讨的框架达成共识。

第1章将说明为什么回放式探究这种教练方法在改变思维方式和带来长期行为改变方面具有强大的效力。我将描述，在形成领悟方面——这是学习过程中的一个重要因素，回放式探究如何与脑科学相关联，以及教练如何以客户无法独自完成的方式支持他们探索自己的思维。

第1章还将介绍扮演教练角色的理想时机。教练技术并非适用于所有场合。如果你总是充当教练的角色，你会使你的员工、朋友和配偶感到不快。扮演教练角色需要有充分的理由，有时候还需要得到许可。第1章列举了被认为是教练良机的种种情况。

第2章将探讨令教练偏离目标的五个信念。我会逐个说明，为什么这些信念只在某些时候才是正确的，以及当它们被当作严格的规则时会如何限制教练的效力。我还将针对每个信念给出一个替代观点，并通过例证展示它如何在教练关系的情境中发挥作用。

第2部分是本书的核心内容，将呈献突破性教练的五大核心实践，让你理解其要旨并学会实施方法。

1. 聚焦：教练人，而非问题。

2. 主动回放：回放关键片段以供检查。

3. 打开客户的思维：发现真正的需求。

4. 守住目标：坚持到底。

5. 创新与展望：教练领悟和承诺。

精通教练之道不只关乎改进技巧，它还要求你迅速发觉来自内心的干扰并回归到与你的客户完全同在的状态。

第3部分针对熟练掌握回放式探究所需培养的三大思维习惯做出说明并提供练习。

1. 调整大脑：培养你的当下感。

2. 接收信息（不只是倾听）。

3. 觉察评判并将其释放。

我有幸向世界各地的数千名教练传授以上这些核心实践和思维习惯。他们向我表示感谢，因为他们有了学习收获也因为我帮助他们回想起了一直存在于他们脑海中的东西。

当我为领导者讲授这些实践时，他们意识到自己不运用教练技术的主要借口"我没有时间"源自他们的恐惧，即担心自己不能有效地教练他人。他们可能曾经尝试过，但以失败告终，因为他们一心想找到好的发问。本书为领导者提供了一种教练方式，让他们通过简单的步骤快速获取更持久的成果，从而打消他们的疑虑。

一旦领导者开始运用回放式探究，他们将发现，这是在短时间内促使视角和行动产生有力改变的最佳方法。此外，这样的谈话既富有成果又有创造性和意义，能够激励他人学习和成长。员工们会觉得自己被看到、被倾听、被重视——这是提高员工参与度、工作效率和创新性的关键。

那些体验过优质教练的人会说,教练改变了他们的命运。教练的实质不在于解决问题或提高业绩。致力于运用回放式探究的诸位同人都是变革的原动力,他们积极地为人们提供重整旗鼓的力量。当工作和生活中发生的事情让你丧失勇气时,教练可以照亮你前进的道路。

第1部分

什么是教练谈话

教练工作远远不止提出好的问题。

——玛莎·雷诺兹

ICF的几位创始人曾提出这样的问题："是什么使教练不同于治疗和咨询？"有关这个问题的谈话产生了ICF对教练的定义：

教练是与客户形成伙伴关系，通过一个引发思考的、富有创造性的过程激励他们最大限度地发掘个人潜能和职业潜能。

这个定义中的关键词是"伙伴关系"。教练的工作方式不同于专家或分析师，即使教练拥有相关的经验和教育背景。教练实质上是客户的思维伙伴，专注于帮助客户运用自己的创造力和资源，看到跨越障碍的途径并解决自己的问题。

为教练事业持续发展提供动力的激情和承诺源自教练和客户双方的教练体验。对我而言——当我没有屈服于给出建议的冲动时，最开心的事情莫过于看到我的客户恍然大悟，因为他们意识到他们一直在坚持一个过时的信念。我喜欢看到他们靠自己找到问题的答案时那明亮的眼神。当他们认识到自己对梦想的追求不会伤害任何人时，他们会感到放松和感激。当我感觉到勇气从我的客户心中涌出时，我会非常乐意帮助他们将愿望转化为行动。

人们需要感觉被看到、被倾听、被重视，然后才会渴望成长。在这个空间，他们富有创造力的大脑会被激活。他们有足够的安全感去探讨自己的思维和行动。让他们的评判和恐惧显露出来可能会让他们感觉不舒适，但是当客户看到如何克服这些障碍时，他们会感觉到自己拥有行动的力量。

很多大师在著作中都说过类似这样的话：人生来就是有创造力的、有智慧的和完整的。其实这个观念最早出现在心理学家阿尔弗雷德·阿德勒（Alfred Adler）的著作中。阿德勒让人们相信在意识到自己的潜能时所感受到的力量。他说："一个人的智慧远远超出他的理性认识。"

在与他的老师西格蒙德·弗洛伊德的思想决裂时，阿德勒曾说，我们不必通过深入探索一个人的心理历史去帮助他前进。如果像阿德勒所说，"我们通过给各种环境赋予意义来决定我们自己"，那么改变或拓展这个意义将打开新的可能性去定义我们自己和我们的行动。

阿德勒的观点催生了许多现代心理疗法。阿德勒所持有的对普通人的尊重是教练工作的一个基本观念。很多人并不需要心理治疗，但是他们知道，当他们对决策或行动犹豫不决时，探索自己的想法会使他们受益。对他们来说，教练是最佳选择。

"回放式探究"一词的出处

在教练关系的界定上，我们要感谢阿德勒。然而，尽管教练工作可能类似于认知行为治疗和基于问题的关系咨询，但实际上教练工作与约翰·杜威的学习理论更加直接相关，而不是某种治疗或商业理论。

1910年，杜威在他的经典著作《我们如何思维》（*How We Think*）中阐明了回放式探究这一方法。作为一位教育改革家，杜威希望改变那种把信息塞入学生的大脑然后检验他们的记忆能力的做法。他并不是只倡导教师们提出更多的问题，还阐述了各种探究方法，这些方法会促使学生怀疑他们自以为知道的东西，从而进行更广阔的学习。

杜威认为，将激发批判性思维的工具和苏格拉底式发问结合在一起，会促使学生们深入自己的内心，认真思考自己的各种想法，这样他们就能区分自己知道的东西和不知道的东西，认可或摒弃一个既定的信念，以及证实一个恐惧或怀疑的价值。他打了一个比方：回放式探究使我们能够爬上脑海中的一棵树。我们会获得更广阔的视野，看到我们思维中的各种联系和错误，从而更好地评估下一步该如何行动。

站在树顶上看电影

回放式探究包含各种陈述，这些陈述为我们的诸多想法和信念举起一面镜子，以激发对它们的评估。这种镜像反射的做法——我称之为主动回放，包括总结、改述、认可关键的表述，以及指出客户所表现的情绪和身体姿态。客户则对他们的话做出进一步说明或更正。他们可能会陷入沉默，在检查自己的想法时把眼珠转向上方、下方或侧面。教练经常会停下来让客户思考。如果停顿的时间长得令人无法忍受，教练可以给出一个回放和发问，如"看起来你在深入思考某件事情。现在你想到了什么？"

当教练运用回放式陈述时，人们能听到自己所说的话，看到自己的信念如何影响自己的见解，并且面对自己表现出来的情绪。这时，如果教练紧跟着提出一个确认性问题（"这是你相信的事情吗？"）或者探索性问题（"什么在使你犹豫不决？"），客户自然会停下来并检查自己的想法。

> 我们运用回放式陈述加上发问去激发人们反思他们的思维方式。

教练行为包括注意到能量变化、语气、语速、语调和各种行为。教练回放客户的信念和假定,以检查它们的真实性和局限性。他们总结复杂的结果和可能性,给出陈述供客户认可或更改。他们提醒客户在何时表现出抗拒。他们回放进展以强化行动和成长。提供回放式陈述的目标不是引导客户去往一个特定的方向,而是帮助他们澄清和评估自己的想法。

通过运用各种回放,教练鼓励客户思考他们的话语和表现。教练接受客户的各种反应,即使客户产生戒心或感到不舒适。给予客户一个不带评判的空间去审核各种教练观察,这对他们的进步是至关重要的。

约翰·杜威可能并没有成功地变革我们的教育体系,但是他为我们阐明了如何帮助他人发展思维。这是他赠给我们的礼物,其影响可以在训练有素的教练行为中看到。

教练不是啦啦队

我认识的大多数人都有这样的想法:在面对困境一筹莫展时,他们希望有人为他们提供决策咨询。对一个问题的讨论能够帮助人们思考他们的想法如何促进或阻碍他们实现目标。他们不需要泛泛的鼓励。像"你能做到"这类话听上去有一种高人一等的派头,在成功人士听来尤其如此。实际上,好的教练工作并不总是令人舒适的。学习经常发生在令人尴尬的犹豫时刻，这时我们开始怀疑那些支撑我们选择的信念和假定。杜威也认为伴随疑惑产生的不舒适在学习过程中是难免的。令人意外的事实、干扰性回放或尖锐的发问都可能将我们所认为的我们知道的东西打破。然后，我们才能更开放地学习。这种打破不总会给人好的感觉。不过，随着时间的推移，我们通常会为我们获得的领悟心存感激。

举个例子。我曾有一位上司，他似乎能看透我的内心。他知道什么驱动我前进、什么是我十分渴望得到的，以及我的思维给我自己制造了哪些障碍。他的发问能为我打破头脑中的壁垒，使我看到我的盲区。我的领悟常常是令我难堪的，却让我明白我必须做出怎样的改变。

有一次，正当我非常气愤地抱怨同事的无能和我不得不承担过多的工作时，他说："看起来每个人都令你失望。"看到我停下来思考他的话，他又说："会有人永远令你满意吗？"我无言以对。

回到我的办公桌，我心想是不是我总是盯着别人的缺点不放。我意识到这种行为模式多年来给我的人际关系造成的伤害。用一句回放和一个发问，我的上司让我正视我是怎样在工作上重复这个模式的。我决不会再让我和同事的工作关系像以前一样。

上司的观察和发问使我停下来质疑自己的想法，这让我非常不舒适。在这种不舒适中，我更加清晰地意识到我是怎样因为想要证明自己比别人强而与他人变得疏远的。我想要成为一名领导者。然而，实际上我只是一个抱怨者。这个令我难过的真相使我学习到如何更好地与他人共事并且有朝一日领导他们。

最好的教练让我们认识到我们的推理有漏洞。在我们对已知的东西产生疑问的那一刻，学习发生了。这就是好的教练工作。

即使客户对你的当下需求仅仅是让你作为一名决策咨询人帮他们厘清思路，你仍然可以运用好奇心与他们合作，以伙伴关系帮助他们从更开阔的视角看自己和世界。借助杜威设想的方式，教练使这个过程变得容易。

我们无意识地偏离了教练工作的意图

我的第二个硕士学位是成人学习设计专业。我永远不会忘记一位教授说过，我们应该总是告诉学生哪些知识点将出现在测试中，以便他们能够抓住学习的重点。作为一名学生，我喜欢这条建议。我当时的希望是在每门课上都得到优秀的成绩。我没有考虑过毕业后我将如何运用我学到的东西。我只是想要学到足够多的知识以成为优等生。

我依然相信你应该测试你教授的内容，但是世界各地越来越多参加教练培训课程的学员要求学到具体的教练步骤以获取他们的认证资格。学习的焦点已经转向测试，并且远离了客户关系。ICF以数据管理来规范教练行业的努力往往会遮蔽教练工作的意图。采用基于证据的方式以限制考官的主观性，这是重要的，而且行为描述对于培训师和导师也是有用的，但是传授给学员们具体的考核要求导致了对教练工作的程式化认识。为使教练技术便于记忆而做出的各种尝试正在让教练的核心变得越来越模糊。

各项正式确定的教练能力从未打算要成为教练行为的核查清单。当初编写这些能力时我还是ICF的领导成员。当时的关注点是那种变革性体验，在这种情况下，人们从巨大的思想转变中得到学习收获。这些能力并不要求按任何顺序去运用，只有开头和结尾除外——两者决定谈话将去往哪里并最终以一个承诺结束谈话。其余的能力反映出教练在多大程度上与客户同在当下。教练需要以不带评判的方式完全接受客户的话语和表现。然后他们才能出色地对教练工作的意图和意义进行探讨。并不是只有一条正确的教练之路，教练工作是教练和客户之间的一个自发的过程。

> 各项教练能力为促进自我发现提供了基础框架，它们并非用来对照核查必需的陈述和发问。

ICF早期的领导者致力于创建教练行业，因为我们相信教练工作将对世界产生积极的影响。当时的着眼点是在教练和客户之间建立一种安全的、关爱的关系，从而使人们感受到关注和尊重。然后，一旦他们对将要努力实现的成果达成一致，谈话就在教练的好奇询问中自然地推进。教练不是在套用记忆中的清单、模型和程式。我很高兴地看到，2020年修订的ICF教练能力准确地体现了创始成员们的期望。

教练工作不只是回放和发问。教练必须创建一种不断强化的信任纽带。这种关系对于教练成为有力的思维伙伴至关重要。教练怀有的勇气、关爱和好奇，以及他们对客户的潜能所持有的信念，是各项教练能力发挥作用的前提。

我在教练学校学习教练的第一堂课上，学校创办人托马斯·伦纳德（Thomas Leonard）说，我们只有在走出学校并开始教练他人时才能学到如何做一名教练。我们表示反对，因为我们不知道该做什么。他说，这第一堂课足以让我们学会如何开始教练工作，然后我们就"只管去爱他们"。

我已经遵照这条建议工作了20多年。在大多数时间里，我都感受到了客户们回馈给我的爱。

我希望将教练之爱心和教练之技术一同带入我们关于教练工作的所有谈话中。我写这本书的心愿是为所有运用教练技术的人献上一份指南，不管他们在哪里学习、想获得什么证书和扮演什么角色。

第2部分呈献了确保教练效力的各种实践，是本书的重要内容，而第3部分也很重要，这部分介绍的思维习惯对于建立强有力的教练关系是必不可少的。在第3部分，你不会找到关于你该问什么和该说什么的一条条示例。你将发现你能够如何拓展人们的能力，让他们在复杂的、不确定的世界共同学习和成长。我向你致敬，因为你选择了这一旅程。

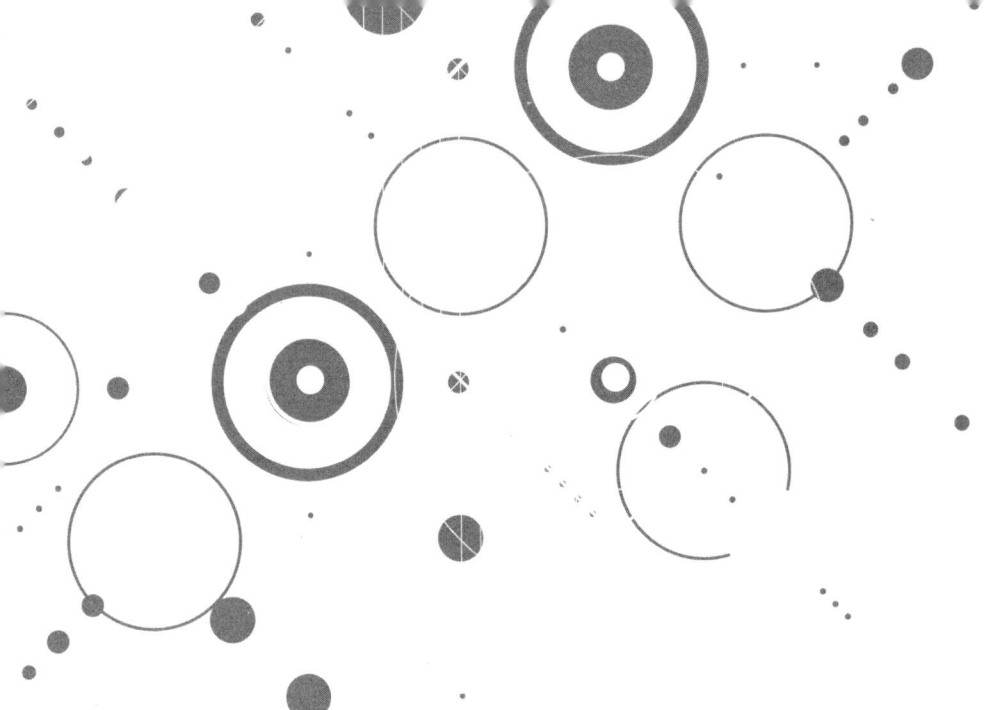

第1章

是什么让教练工作如此有力

信念是我们的规则——无论是好是坏。

——约翰·杜威

教练技术的运用已成为全球化企业领导层的一项重要能力。教练证书在多数公司聘用外部教练时也是必需的，尽管有时候他们并不确定这些证书代表着什么。

在客户方面，越来越多的人意识到教练的价值。遗憾的是，根据美国联邦贸易委员会的调查，仍然有一些人因购买那些承诺巨额回报的"商务教练一揽子课程"而损失大笔的金钱。尽管在世界范围内聘用个人教练的人数在不断增长，但是我们仍然有责任让公众学会评价教练和课程，看它们是否符合专业标准，这样才能使专业教练的价值继续增长。

教练工作的成功和持续发展是因为这一事实：它很奏效。在激励和影响方面，其他各种尝试都没有教练工作那么有效。

教练工作如何产生效果

大多数人不认为教练和约翰·杜威的重要著作有关联。他们会告诉你，教练源自教练学校最早的创办人，来自约翰·惠特莫尔爵士（Sir John Whitmore）或卡尔·罗杰斯（Carl Rogers）的学说，来自神经语言程序大师，或者来自他们最喜欢的领导力书籍。这些都是教练工具的重要来源。这些工具起作用的原因早就出现在约翰·杜威的著作中，在那之后很久才诞生了我们现在的教练界的领袖们。

教练有价值是因为没有人能够独立地改变自己的思维。我们都擅长为匆忙做出的选择找借口，不管我们认为自己在多大程度上是合乎情理的。当那些选择产生糟糕的结果时，我们也善于把它们归咎于我们所能责怪的任何人或任何事。

正如丹尼尔·卡尼曼（Daniel Kahneman）在他的著作《思考，快与慢》（*Thinking, Fast and Slow*）中所说，我们拒绝自我探索，特别是在涉及情感时。我们不会完全独立地做出改变。为了终止有害的思维模式，我们需要某个人打断我们的思维，具体的手段就是向我们回放我们的想法并提出问题促使我们反思自己的思维方式。这些陈述和发问使我们能够看清我们编造的故事，它们就像显现在我们面前的书页上一样可供阅读和分析。成年人需要靠这种帮助来拓展他们的思维，这一点和儿童一样，有时候成年人甚至比儿童更需要帮助。随着年龄的增长，我们的思维日趋僵化。我们习惯于为我们的行为找借口、忽视我们的情感，以及为我们的信念寻找证据。我们不能从各种社会压力中脱身。我们过于忙碌，无法停下来检视我们的信念和选择。

杜威说，回放式探究不仅使人们更开放地学习，而且会揭露各种刻板观念和偏见。通过使信念、假定、恐惧、需求、价值观冲突显现出来，一个人能更好地评估决策和行动。他还说，激发人们反思自己的思维是"纠正错误信念和惯性思维的最强有力的一个方法"。

当我们愿意思考时，回放式探究会让我们说："哎呀，看看我在对自己做什么。"有时候我们会说："那不是我自己的话。那是我从某人那里听来的。"我们开始从客观的角度观察我们的故事。

回放式陈述加上发问会促使我们停下来并质疑自己的思想和行为。这一中断会引发一个转变——在我们认识自我和世界的方式上，或者至少在我们表述困境的方式上。我们看到一条新的前进之路并且承诺采取行动，这种行动意愿要比我们从专家那里得知该做什么时产生的行动意愿更为强烈。

> 回放式陈述促使人们思考自己所说的话。跟进的发问使这种效力达到完满，通过引起意识的转变来解决问题和激发新行动。

杜威也说过，最聪明的人在反思自己的思维时需要最多的帮助。聪明人最善于自圆其说。他们完全相信自己的推理并且会把自己的观点当作确凿的事实一样来守卫。告诉他们去改变，那只能是白费口舌。要使聪明人质疑自己的想法，唯一的途径就是运用强大的回放和发问。

领导力专家赫尔·葛瑞格森（Hal Gregersen）说，生活和工作上总是随时会发生出人意料的转变。我们必须超越自己现有知识的界限。因为我们的大脑在不受干涉时会拒绝这种探索，所以只有在运用回放式探究的教练的帮助下，我们才能更好地解决日常难题。

大脑对教练的反应

为了在日常活动中减少不必要的思考，我们的大脑发展出各种观念和规则供我们无意识地使用。神经科学家迈克尔·加扎尼加（Michael Gazzaniga）说，我们陷入自动思维进程并且使自己上当受骗，以为我们是在有意识地、任意地行动。

> 你不能自己胳肢自己，同样的道理，你的大脑不受自我施加的对思想和反应所做的检查的影响。

因此，为了维护我们的身份和习惯行为，如果有人未经许可就质疑我们的选择，我们会迅速自卫。当我们的信念受到挑战时，我们会愤怒地回应。除非我们请求他人给出评价，否则我们会筑起防御之墙以保护自己的观点。即使对方的争论合乎情理，我们也更有可能为自己的信念找到一个借口，而不是承认错误。

要想以不同的方式思考，我们需要请人帮助我们检查自己的思维。只有那时我们才敢停止大脑的快速反应。为了打断我们的自动思维进程，外来的扰乱必须受到欢迎。

教练登场！如果我们寻求教练支持，我们就是在邀请这种来自外部的干扰，它强迫我们停下来检查自己的思想和行为。我们的大脑对那些指出我们思维错误的突然袭击会产生抗拒。在认识到教练的价值后，我们会心甘情愿地邀请一位教练和我们一起去寻找这些错误。

教练和告知

许多领导者认为，与花时间教练他人找到解决方案相比，给出建议更容易。他们没有意识到，他们是在浪费时间，而不是节省时间。

当你告诉人们该做什么时，你激发的是他们的认知脑，此时他们能够运用已有的知识来分析你的话。如果你的建议与他们现有的知识关联或吻合，他们很可能会同意你的观点。也许他们原本只是需要外部的肯定，在行动之前为他们增强信心。

出主意听起来可能像一个引导人们行动的有效方法。不错，这样做的确有效，但是也会给你带来麻烦——他们依赖你给出答案或许可，然后才去行动。你无法培养出独立的思考者。

如果人们并没有寻求你的建议，那么你的主意的有效性就会大打折扣。他们也许听到了你说的话，但是很快就把它忘记了。认知脑运用的是短时记忆，同时受到时间和脑容量的限制。你的要求和主意很快就被其他更重要的问题挤走了。我们常常记不清早饭吃的是什么，更不用说某人告诉我们该做什么了。

即使你在一天里牢牢记得某人告诉你的话，但一旦你进入睡眠，你就会失去这一记忆。大脑会整理一天里输入的信息，以决定应该把什么存入长期记忆。它留下那些触发情绪的信息，情绪告诉大脑某件事是需要记住的。除非你用你的想法给人们以激励，或者用一个独特的观点使他们感到震惊，否则他们不会第二天还记得你说过什么。要么就是，他们虽然记得，却把细节搞混了，因此他们会对你说的话进行重新建构。我们的每一次回想都会对记忆中的事做出篡改。

还记得上小学时你参加过的所有那些检查学习效果的测试吗？这些测试你现在能通过多少？除非你持续运用你记住的信息，不然它们就会被遗忘。大脑找不到保管它们的理由。

> 当我们告诉人们该做什么时，我们就进入了他们位于认知脑的短时记忆，而在这里学习是最低效的。

认知脑可能善于解决问题，但是它不太擅长学习。此外，如果人们依赖你提供答案，他们会失去独立思考的动机。这种方法可能适合那些需要长期工作的顾问，但是如果你是一位想要帮助他人独立思考的领导者、家长、教师或教练，这就不是最好的方法。

教练和威胁：反馈神话

当人们感受到威胁时，他们会进入防御状态。威胁包括负面的反馈和命令之后的"否则"。如果他们顺从，他们的大脑会把与反馈一起给出的指令作为重要事务牢牢记住。基于恐惧的学习会在原始脑中形成一个生存反应。当面对类似处境时，人们迅速做出反应，以避免"否则"威胁并得到对正确行为的奖励，即便具体情况已经改变。他们的大脑不相信那些建议他们改变行为的话。他们抗拒改变，因为他们现在的行为是通过恐惧学来的。

> 基于恐惧的学习使行为得到强化，大脑因此拒绝改变。
> 基于生存的学习会限制冒险意愿和灵活性。

此外，给予反馈常常会触发紧张、羞愧和恐惧。你给予他人的这种信息常常会使对方防卫或降低信心，减少主动性和创新性。

在《化批评为教练》这篇文章中，哈佛法学教授希拉·汉（Sheila Heen）和道格拉斯·斯通（Douglas Stone）研究发现，甚至善意的意见也会"导致一种情绪反应，在人际关系中注入紧张，并且使交流中断"，不管领导者或接受反馈者各自拥有怎样的地位或阅历。人们想要学习和成长，但是他们也有对认可的基本需要。反馈，尤其是不请自来的反馈，是令人难堪的。

我教练的领导者总是对我说，人们希望得到反馈。然而，他们的直接下属在与我面谈时说他们希望改进，但不需要更多的反馈。他们需要的是能引出他们的想法并使他们看到更大可能性的双向谈话，而不是聚焦于他们所犯错误的单向命令。

遗憾的是，教练工作常常被混同于给予反馈。即使反馈意见被很好地接受了，如果你接着告诉人们该如何改正错误，你就不是在用教练的方式帮他们决定要做出什么改变才能取得更好的结果。

除非某人因为真的束手无策而来请求你的指点，否则你的反馈只会导致抗拒或顺从。你会遏制人们的思考能力，而不是助其成长。

教练工作激发中脑

要想影响人们改变行为，你需要激活人们的创造性思维，而不是他们的生存机制或分析机制。你不能一开始就指出他们所犯的错误。当你要求人们回顾在某个情境中发生的事情时，他们通常知道问题出在哪里。人们往往是自己最严厉的批评者。首先要求他们评估自己的行为。然后他们可能会请教该如何改变。即便如此，你仍然需要在给出建议前先探讨他们的想法。

中部大脑储存着人们的长期记忆。利用人们先前掌握的知识规划一条新的前进之路，这会激发正向的责任感和勇气。如果与改进相关的谈话以教练方式而不是反馈方式开始，那么它将激发创造力而不是引起防卫。

基于回放式探究的谈话聚焦于人们如何思考，它会促进基于领悟的学习。当人们提取各种储存信息并以新的方式将它们连接以回答一个启发性问题时，创造性的想法就会出现。当他们的思想、信念和情感反应在回放中显现时，他们开始检查自己的思维方式。随着他们的推理和辩解变得不牢靠，他们的大脑会迅速重组各种信息以更趋合理。他们获得了一个领悟，犹如灵光闪现。他们的感知发生了变化。他们对自己和周围的世界有了一种新的觉察。基于领悟的学习会发展人们的思考能力和信心。

恰当地运用回放式陈述和发问去推动人们检查他们当下的思想，这会激发创造性突破。你在打破人们的自我壁垒，它保护着他们看待自己的方式和对周围世界事物发展规律的信念。在片刻时间里，他们会注视着你，因为他们的大脑在思索他们的故事和解释中发生的改变。这一新的真相最初可能会带来一种情绪反应，然后他们会获得足够清晰的领悟。如果你询问他们现在看到或学到了什么，以此来帮助他们巩固这种新觉察，你会强化这种转变。

回想一下，某次你苦苦思索如何改善已趋恶化的工作关系。那个突然出现的新方案大概率不是在你伏案沉思过往谈话时想到的。那个为你指明应对处境的新方法的领悟很可能源自另一个人的陈述和发问。

当你信任的某个人挑战你的推理并用一个发问打破你的保护框架时，你的大脑就不得不重组长期记忆中的材料。在一瞬间，这种保护框架的毁坏令人感觉难堪。在这种不舒适的状态里，你的大脑会最大限度地保持学习态度。一种新的、更开阔的观点形成了。你可能会因为之前没有看到真相而产生一系列的情绪，从悲伤到愤怒。你也许会感到脆弱、尴尬甚至害怕。很多时候，我的客户会嘲笑他们所看到的东西——在他们长舒一口气之后。

运用回放式探究的教练工作会使成果和满意度都得到提高。人们需要的是能引出他们的想法并使他们看到更大可能性的双向谈话，而不是聚焦于他们所犯错误的单向命令。

有时候修正航向至关重要。但是如果你教练的那些聪明人知道该做什么却没有付诸行动，谈话就应该聚焦于阻止他们行动的原因，而不是给出反馈或建议。

案例研究

我有这样一位客户，她屡次在公司战略会议上对同事无礼。她的上司给她提出反馈，她却无法接受，尽管她希望得到升职——当然上司在她赢得同事的尊重前不会给她升职。她已经做出了一些行为改变。她在会议上不再公开批评同事。取而代之，当他们的想法与她不一致时，她会翻着白眼发出叹息。她的上司既恼火又无奈，只好请我去教练她。

在确定她愿意接受教练后，我们探讨了她对同事的想法感到不快的原因。在某一刻，她用挖苦的语气说："他们那是典型的拉丁裔想法。"我把我在她的信念中听到的这一评判回放给她，并问她是什么使他们的想法有问题。这引出了对不同文化中领导观念差异的讨论。我的这名客户来自德国，已经在美国中部生活了两年。在讨论过程中，她不假思索地说："领导者应该把效率放在首位。"我问她，她的同事认为领导者应该优先考虑什么。她勉强承认他们会选择员工参与度，在这种情况下员工们喜欢在一起工作。

在我们把她持有的信念和价值观与她的同事做了对比之后，我的客户说，她知道她不可能迫使同事接受她的观点。也许大家能找到一个折中方案。如果她能与同事开展一次谈话，她也许会找到一个方法来整合他们的优先事项。我们接着探讨了她能做出哪些改变，以减少同事们对她的负面评价，从而他们可能愿意与她共同商讨发展策略。她也意识到她需要重新赢得他们的信任。她选择通过一对一的会面来修复与同事的关系。他们将在午餐时会面，因为她知道他们喜欢与他人一起进餐。她将真诚地请他们告诉她，她怎样才能成为一名好的团队成员。

上司的反馈迫使她假装做出行为改变。而教练转变了她的视角，使她能够独立发现如何实现她的目标。她重新认识了价值观对领导力的影响，以及什么是必要的而不是适应性的做法，这使她的行为发生了永久的改变。

教练的时机

许多教练会说，他们从事混合教练工作，即在谈话中融入指导。他们说人们需要教练的意见并想从教练的经验中获益。他们先讨论客户对一个问题的看法，然后告诉他们该做什么。

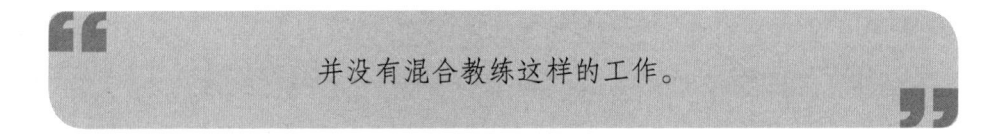

> 并没有混合教练这样的工作。

你要么是在教练，要么是在做其他工作。那些其他工作也许正是某人所需要的，但并不总是如此。

一些著名的教练宣称，单纯地发问是浪费他人的时间。他们毫不动摇地坚持那些给出建议的理由。

单纯地发问是浪费时间，我同意这一点。教练工作包括各种回放实践，如总结、注意到情绪变化，以及认可勇敢的行为。和单纯地发问相比，回放可能是同样有力的或更加有力的。

混合教练的说法减弱了教练的价值。如果你把指导、给予建议和引领人们找到最佳答案这些方法混入你所谓的教练工作中，人们就会期望走一条捷径。他们希望你告诉他们该做什么。这也许是有帮助的，但是如果教练是他们真正想要或需要的，他们就错过了对这种能带来突破和成长的强大技术的体验。

很多情况下，人们并不想要或需要教练。

你应该先与客户确定他们需要你做什么。然后，实事求是地给你正在做的工作命名——教练工作或其他工作。

首先要确立接受教练的愿望

有一次，一位同事试图教练我应对某个局面，而当时我只是想随便聊聊，于是我打断了她。"不要教练我。现在我需要的是一个朋友。"那件事让我回想到自己的类似举动——我也曾多次贸然试图教练我的朋友。

除了正式的教练谈话，你在开始探究前应该询问人们是否愿意接受一些教练。你可以这样问："你现在需要我做什么？"他们也许只是希望被倾听，尤其是在他们对一种境遇感到愤怒或为一次损失伤心时。

即便他们说自己需要教练，你还要确定他们愿意与你合作。他们必须表现出愿意质疑自己的想法和动机，而不只是希望有人肯定他们的观点。例如，他们可能想要你听他们制订一个计划，但是他们并不愿意在计划的目的、可行性或不确定性等方面接受教练。

有些人是有声思维者，就是说他们在向在场的某个人说出大脑的思考内容时思维效果最好。如果他们说自己只是想要充分考虑一个处境或对比各种选择，那就问他们："什么样的参谋会最有帮助？"少量的回放（如总结和改述）可能会被欣然接受。在打断他们的思路前，你要先征得他们的同意。

> 不管你是多么高明的一位教练，必须有人表现出愿意接受教练，你才能有所作为。

无论如何，不要以为只要人们心存戒备，他们就是不可教练的。询问导致他们抗拒或犹豫的原因。有可能他们虽然小心谨慎，却愿意就某些方面进行探讨。

接下来，确保教练工作是正确的选择

有时候人们缺乏经验和知识，无法利用它们形成一个新观点。你不可能从无中教练出有。

要当心——这个缺乏是真实的。当人们说不知道该做什么时，问一问他们是真的不知道还是在怀疑一个已经想到的解决方案。我经常发现那些说不知道的人实际上知道。他们有一个方案却不敢用。在这种情况下，我会说："你有很多人生阅历。我敢说你肯定有一些办法。"或者，"假如你不会失去任何东西，你会尝试做什么？"或者，"你是否

曾经观察过其他人在这个位置上或在这种情况下是怎么做的？你是否可以尝试采用你看到的做法或相反的做法？"如果他们仍然毫无办法，那就戴上你的导师帽子去提供可选方案。

运用教练的最佳时机是，客户有一些可利用的知识和技能，但是他们没有看清楚可选方案、最好的第一步行动或他们自己犹豫的原因。如果他们要做出一个决定，却被大脑中过多的条条框框所困扰，或者他们害怕走出错误的一步，那么他们将从教练中受益。

你总是可以用教练的方式开始。如果你发现客户因不具备必要的经验或知识而不知道该做什么，你可以问他们你是否可以走出教练模式为他们提供建议。请记住，区分教练行为的关键词是伙伴关系。教练都是思维伙伴，他们不把客户看作无知的或需要修复的。通过专注于突破障碍的教练谈话，客户往往能运用自己的创造力和资源去解决问题。

当我讲授教练技术时，我问我的学生们："你是否愿意放下智者的身份去成为纯粹的教练？"你必须走出专家、修理师或帮助者的角色才能开始教练工作。

学会何时不去教练

如果你做不到以下几点，就不要去教练他人。

- 放下你想要的谈话方式。你希望客户解决他们的问题，但是你不能依附于谈话的进展或结果。如果你不能摆脱这些念头，最终你只会迫使谈话朝着你希望的方向推进。
- 相信客户有能力想清楚该做什么。你是否对你的客户持有任何可能产生阻碍作用的评判？如果你怀疑他们找到前进之路的能力，那就选择用指导代替教练。否则，你的急躁将影响你们的谈话，即便你能够做到不露声色。

- 感觉到希望、好奇和关爱。如果你对客户表现出生气或失望，他们将对你的情绪而不是你的话语做出反应。如果你担心谈话不能顺利进行，那就要尽你所能释放你的忧虑，直到你找到勇气和乐观的感觉。
- 并非一切谈话都能够或应该成为教练谈话。弄清楚人们想要什么，然后选择去教练或做其他工作。

理想的教练情境

教练他人的时机经常出现在以下情境中，包括个人情境和工作情境。

- 探索各种途径去改善人际沟通。
- 应对自己和他人的冲突忧虑和情绪反应。
- 找到方法去应对难对付的人和处境。
- 加强工作上和家庭中的人际关系。
- 明确表达渴望和愿景，包括个人和职业两方面。
- 管理压力和健康以获得最大的能量。
- 处理各种艰难的决定。
- 体验更大的满足和成功。
- 应对工作和生活的变化。
- 领导他人应对组织和世界的变化。
- 激发更大的团队绩效。
- 协调领导团队。

- 改变企业文化。
- 提高整个组织的员工参与度。
- 确定发展路线，包括为新的角色做好准备和在新的角色中取得成功这两个方面。

在工作上，你也可以运用教练方式与他人建立更加密切的关系。一项发表在《哈佛商业评论》（*Harvard Business Review*）上的调查发现，年轻的成功人士往往对他们所受指导和教练的匮乏感到不满。与人交往的一个好方法是好奇地询问他们对未来的期望或他们现在需要什么去应对挑战，然后倾听他们的回答。他们需要那种既能提高他们的技能又能拓展他们的思维的谈话。

为了让教练工作取得成功，客户应该知晓在平常的教练谈话中会发生什么。关于教练过程的谈话一般发生在教练关系开始时。客户还应该被告知，如果他们按以下几条去做，他们将获得最佳成果。

- 对回放式陈述和发问做出回应，即便它令人感到不舒适。这是实现突破的最好机会。
- 做一名积极的参与者，而不是好奇的旁观者。
- 保持开放、诚实，并愿意对自己、他人和处境中不清晰或不完全了解的地方进行探索。
- 在每次谈话结束后履行行动承诺，并且按时参加约定的谈话，除非出现意外的紧急情况。
- 在谈话结束之后和下次谈话即将开始之前留出时间去思考教练谈话。

教练工作已经在我们的世界树立了自己的地位。它是促进行为改变的一种重要方法。教练工作在人们受到挑战或举棋不定时帮助他们更开阔地独立思考，并且以清晰的方向指引那些想要获得更大成就的人。

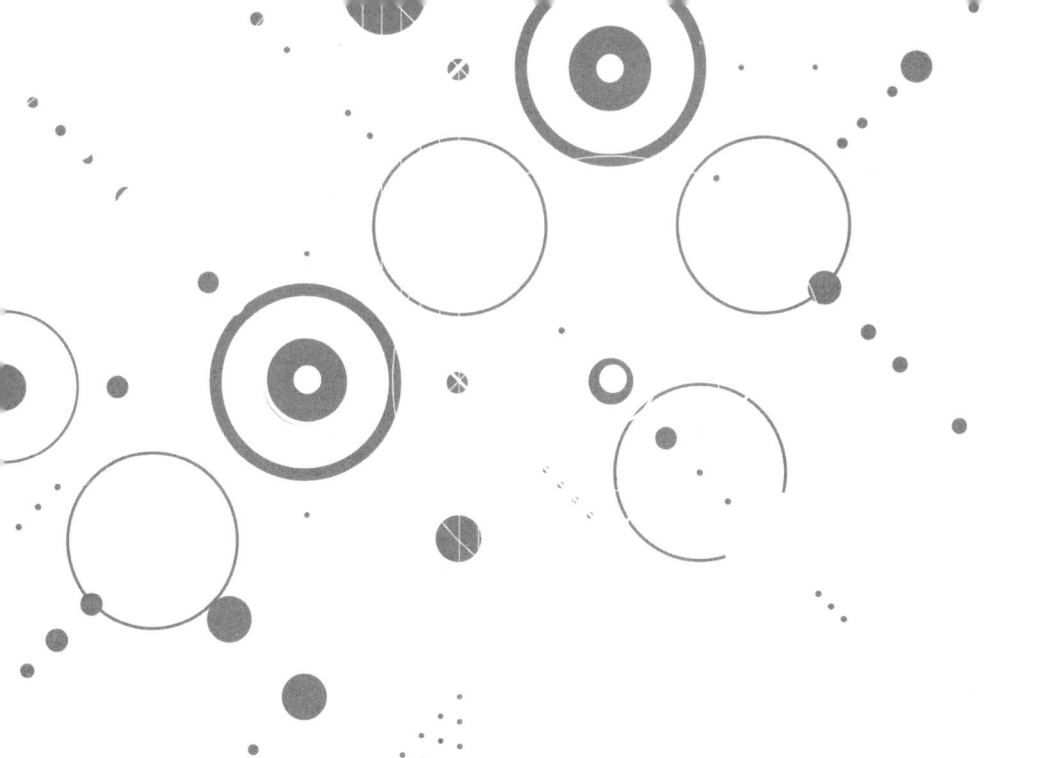

第2章

错误的教练信念

如果你是在遵循一个程式或模型，你就不是在真正地教练他人。

——玛莎·雷诺兹

一些教练、教练学校和认证机构不遵循ICF教练能力的规定，却取得了惊人的成果。不管他们借助的理论框架是什么，只要他们将回放式探究用作主要手段，我就支持他们的工作方式。且不说他们的指导思想和具体实施，这种教练工作的实质和本书讲授的各种实践是一致的。

并非只有一种正确的教练方式。只要你的实践能够鼓励客户反思和生成领悟，我们就有共同语言。只要你不知道所有的答案并且坦然地保持这种"不知道"的状态，我们即便对教练能力各执己见，也会一致认可教练的力量。

反过来，某些关于教练的信念和评判贬低我们的工作并伤害我们的职业。某些假定让领导者避免在谈话中运用教练方法。某些教练停止成长，因为他们固守僵化的发问规则或认为他们必须运用一个有具体步骤的模型才能顺利地进行教练。

> 随着多年来教练活动的日益普及，各种关于教练工作的不合理的信念、评判和假定也增加了。

至少有五个疯狂的教练信念对教练工作的价值形成了阻碍。我将逐一解释，为什么它们在某些时候是正确的，以及它们在被理解为严格的规则时会如何限制教练的效力。我还将为每个信念给出一个替代观点，并说明它如何在教练关系的框架中发挥作用。

错误的信念 #1：要花费很长时间才能真正学会教练

这个信念来自何处

新手教练喜欢观看经验丰富的教练所做的演示。即使这位有经验的教练在谈话演示之后将教练过程一一分解：她/他发现了哪些线索，她/他注意到哪些矛盾之处、情绪变化和重复出现的词语，哪些信念凸显出来成为关注的重点，观看者仍然会声称这次谈话不可思议。

观看某个拥有丰富的实践经验的人亲自演示，这会同时引发观看者的敬畏和怀疑——敬畏这种精湛的技艺，同时缺乏经验的教练会怀疑自己将来能否获得这种本领。当演示教练技术的人不考虑观众的发展水平时，情况尤其如此。这样的演示更像炫耀教练的技艺，而不是提供学习经验。观看者会产生畏惧心理，认为他们在"足够好"之前不能有效地进行教练。

除了观看演示，努力获取认证的教练必须接受导师指导。不管是小组还是一对一形式，导师指导都包括反馈。正如第1章所说的，反馈会引起紧张并可能降低信心。导师指导的目的是提供帮助——通常它的确是有帮助的，不过这个过程可能会强化这样的信念，即教练技术需要长时间的学习。

这个信念正确的一面

打破思维习惯是需要时间的。新手教练和有经验的教练都希望感到自己是合格的、对他人有助益的教练，这就是为什么他们还没有探讨处境和障碍就急于找到解决方案。打破这种急于寻找答案的倾向需要自觉的实践和耐心。对"仅仅保持好奇"感到舒适，这要求教练自觉地接受因不知道答案而感受到的不舒适。

获得认证需要数百小时的教练实践，这是有道理的。目前还没有人发明出能让人们瞬间掌握教练能力的灵丹妙药。实践是必要的。要达到大师级水平，除了持续从事教练并聘请教练导师帮助你进步，别无他途。

自从我进入这个行业之后，每年我都能成为一名更好的教练。也许多年以前我已是一名好教练，但是随着我不断地教练、授课和指导，我的教练技术变得更加精湛。伟大的教练是一场无止境的修行。

这个信念不正确和限制性的一面

如果你的大脑对你说你必须等到完成教练培训并对你的技能感到自信时才能去教练——不要听！

我在入行几年后开始传授教练技术，在教给他人如何教练时，我痛苦地认识到在自己的教练技术中存在若干缺陷。然而，即便是在我最初几年有瑕疵的教练工作中，我也收到很多客户的赞誉之辞。我的客户们觉得和我在一起可以足够安全地深入探讨各种问题。他们对自己的选择和计划感觉更有信心了。借助我有限的教练能力，他们对自己的处境和障碍有了更清晰的认识。

你不必非要等到万事俱备再去教练他人。即使新手教练也能提供很好的服务，只要谈话令人感到安全且不带评判。不要一直等到信心充足了才去教练。每位成年人都能从思维伙伴那里受益。

替代的观点

没有完美的教练。你先要启动，然后，通过实践、好的导师指导和持续的学习，你会发现成功教练的力量。你只有通过教练实践才能提高自己的技能。

我认为所有希望成功地进行教练的人都应该接受高质量的教练培训，最好是出自有认证的学校或理论课程。即使你的家人和朋友都说你应该成为一名教练，那也并不意味着你天生就有那些技能。你也许是一位出色的、善解人意的倾听者。这是极好的成长根基。学习本书中的五大核心实践会有帮助，但是那些必需的技能最好还是从有资质的教练培训师那里学习。

一旦你学会了基本技能，那就开始教练吧。如果你反对给出建议，你不会造成任何伤害。我以前的导师常说："从来没有人因为教练工作而死去。"

教练工作强大的力量源自教练和客户之间的关系。这就是为什么本书提出使你的五大核心实践发挥效力的三个思维习惯。只要客户和你在一起有安全感，你就会创造出让学习发生的环境，即便你的技能还不够成熟。只要你相信客户有能力想清楚他们的困境，只要你学会如何捕捉并释放你的评判和恐惧，保持耐心、好奇并真诚地关心客户，他们就会从教练中受益。

错误的信念 #2：只有通过发问才能创造突破或新觉察

这个信念来自何处

尽管很多教练学校都在讲授回放式陈述的运用，但是发问依然占据着主流地位。一些教练学校把教练技术界定为仅仅是一系列开放式发问。

通俗读物兜售最好的发问技巧供领导者和教练们使用。当一名教练演示教练技术时，观看者往往记下那些最好的发问。他们不记得那些引起反思的回放式陈述。在他们的信念中，最好的教练来自强有力的发问。

这个信念正确的一面

一个好的发问能够彻底打破人们内心的平静，以检验他们的思想和信念的有效性或荒谬性。他们不再思索一个问题，而是开始检查导致问题产生的思维方式。他们不再急于考虑各种选择和行动，而是停下来反思他们的信念和观点，这可能会改变他们对行动方案的看法。

我们采取的每个行动都有一个理由。我们不会认识到自己推理中的错误，除非有人质疑我们的想法。发问会以一种我们无法自行做到的方式帮助我们评估自己关于处境和各种可能性的信念和观点。

这个信念不正确和限制性的一面

如果有人说教练工作等同于发问——不要相信他们！

教练工作是一个探究的过程，不是一系列的发问。探究的目的是激发批判性思维，以识别思维方式中的缺陷，评估各种信念的价值，并澄清影响我们的观念和行为的各种恐惧、怀疑和渴求。

有些人认为持续发问会使教练避免以自己的意见和偏好影响谈话的走向。然而，即便是发问也可能带有意见和偏好，从而让客户受到教练的思维方式的影响。此外，构思一个好的、独立的发问所花费的时间会减弱一个人的教练当下感。

以一系列发问展开的教练工作可能会让客户感觉自己被盘问，给信任和亲和关系造成破坏。如果没有回放式陈述，发问会让人觉得更像一个套用的程序而不是一个自发的过程。

替代的观点

与给出建议相对的并不是发问。回放式陈述的运用，如总结、概括，以及后面的章节谈到的分享观察到的情绪变化，可能比寻找神奇的发问更有力量。听到某人重述你说的话可能会令你震惊，如果你多年来一直在说同样的话，情况尤其如此。让某人说出你在不同的想法上附着的情感并为你指出你的陈述中存在的矛盾，这会比一个激发性问题更有效地打破古老信念的防御。

回放式陈述和发问的结合会使教练工作更加自然和轻松。当教练先回放话语和表达再发问时，这个问题更有可能来自好奇而不是记忆。

当你绞尽脑汁去回忆一个好的发问时，你是待在你的思维框架中，而不是处于当下。如果此时客户告诉你他们真正想要什么，或者他们显露出阻碍行动的信念或恐惧，你不会注意到。处于当下比追求完美更重要。

错误的信念 #3：教练发问只能是开放式的，不能是封闭式的

这个信念来自何处

封闭式问题往往引出"是"或"不是"这样的回答。不管是教练、咨询、法律、新闻行业，还是任何需要他人提供信息的其他行业，教科书

都会大力推荐运用开放式问题去获取详尽的回答。一些教练学校禁止使用封闭式问题。ICF认证的主考官在评估教练谈话录音时会统计开放式问题和封闭式问题的数目，以确保开放式问题的使用更为频繁。许多教练声称封闭式问题是和优质教练相对立的，而且他们会对使用封闭式问题的有经验的教练做出负面评价。

这个信念正确的一面

对问题的"是"或"不是"的回答会结束而不是打开谈话。这样的时刻可能会令教练不舒适，觉得谈话走进了死胡同。教练甚至会重复那个封闭式问题以核实客户的回答，同时竭力思考接下来该说什么。

在与客户建立教练关系的初期使用封闭式问题可能是致命的。如果客户不信任教练，封闭式问题会使他们保持防御状态。他们不会检查自己的思想。他们会使探讨他们信念的各种尝试落空。除了对教练的恼怒，他们不会显露出其他真实情绪。

封闭式问题还可能是伪装的引导性陈述。当教练认为他们知道客户该做什么时，他们会使用一个封闭式问题去强加一种观点。伪装成问题的建议会以这样的方式开头，"你是否尝试过……"或者"假如你这样做……"教练也许会给出一个好主意，但这会使客户不再独立地思考他们的处境。客户有可能为了取悦教练而接受建议。

以"什么""何地""何时""如何"和"谁"这些词引导的开放式问题会得到更多回答。开放式、探索性问题会鼓励客户深入思考导致某种行为或怠惰的原因。当面对开放式问题时，即便是不情愿的客户也可能会认识到他们观点的局限性。

这个信念不正确和限制性的一面

如果有人说封闭式问题在任何时候都只能得到封闭的回答，只有缺乏经验的教练才运用它们——不要相信他们！

有位客户因为过于疲惫而离开了她的工作岗位。在六个月的时间里，她收拾房屋、陪孩子玩耍、和朋友一起旅行，过得很开心。然后躁动开始袭来。她请教练帮助她决定接下来该做什么。这名教练围绕她最喜欢和最不喜欢的工作内容问了她一些问题。

这名教练总结道："你喜欢和一个有能力的团队一起创造新产品，不愿意和低级员工进行产品研发谈话。是这样吗？"她回答说"不错"，并继续详细描述了她对原来的职位最喜欢的方面。教练接着问："这段回忆是否让你意识到你现在想要创造什么？"她回答说"是的"，并开始描述一份理想的工作会是什么样子的。教练接着说："很明显，你想和一个团队一起开发激动人心的新项目。你也可以以自由职业者的身份做这项工作，但是你在描述你的理想位置时一直把自己放在一个组织里。你是否已经打定主意下一步要努力找到一份新工作？"她发出了一声叹息，表示赞同，并且解释了她的忧虑。瞧，三个封闭式问题引发了客户的深入探索。

当教练与客户建立了牢固的关系时，封闭式问题可能和开放式问题一样具有激发性。发问的目的是打断一种思维模式或流程并引起客户的深入探索。一个问题的焦点应该是它会打开还是会关闭客户的思维。只要这个问题能推动谈话前进，就不必在意它是怎样的形式。

替代的观点

封闭式问题至少在三种情况下是有效的：（1）帮助客户澄清其想要在教练过程中解决什么问题；（2）确认一条回放式陈述是否正确；（3）当客户明显地已经获得了一个惊人的领悟却没有谈到时，提示他们。在最后一种情况下，像这样的一个发问，"是不是某件事情对你来说已经发生了改变"，可能会给他们必要的推动，让他们说出自己当下觉察到的东西。

守住目标——五大核心实践之一，是要找到并澄清期望的结果。在听到客户的故事后，教练需要知道客户在谈话中要实现的重要目标是什么。教练可以运用封闭式问题来确认谈话的方向。然后，客户在讲述自己的故事时可能会透露出他们希望实现的两个或更多的结果。教练对提出的各种选项进行总结，然后邀请客户选出一个想要最先实现的结果。在探讨客户需要具备什么条件、解决什么问题或理解什么观点才能向前迈进的过程中，一个新的、更重要的目标可能会出现，如建立信心、改变一个习惯或接受一个令人不安的现实。教练这时会问客户是否想要根据新的发现改变目标。这些封闭式问题为澄清和确认问题提供了机会。

封闭式问题可以用来检验一个回放式陈述的有效性。例如，当你总结话语和表达、观察到情绪变化，或者发现潜在信念或假定时，你可以问客户是否同意这个总结、观察或推断。甚至在这些情况下，客户也往往会提供更多的信息，而不是"是"或"不是"的回答。

当客户相信你是在帮助他们实现某个对于他们很重要的目标时，他们会接受一个尖锐的封闭式问题引起的不舒适。例如，如果他们意识到他们的行动一直在阻碍他们实现自己的愿望，你可以问："你会容忍这个现状一直持续下去吗？"或者"你是否愿意仔细考虑一下你可以做出什么改变去得到你真正想要的东西？"或者"一年之后你会不会后悔没有在此时采取行动？"你可以在这些封闭式问题之后追加一个开放式问题，问他们接下来想要思考什么或做什么，不过打开栅门的工作是由封闭式问题完成的。

封闭式问题产生效果的前提是客户必须知道你相信他们是聪明的、智慧的。他们必须知道你不是在试图让他们觉得自己错了或能力不足。跟在总结之后的封闭式问题，如"这是正确的吗""你想要改变这个模式吗"或"你知道你的期望是否切合实际吗"，能够帮助客户澄清思想，只要它们是带着真诚的关心提出来的。

停止谴责封闭式问题。它们是很棒的澄清问题的手段，而且能够引发内心检视。让我们把它们带回教练培训中，以便让教练懂得如何恰当地运用它们。

错误的信念 #4：回放式陈述过于强硬

这个信念来自何处

教练在听到我使用回放式陈述时常常会感到如释重负，尤其是美洲和欧洲的教练。他们说："你可以那样做吗？那样的话教练工作就容易多了！"他们过去认为回放式陈述和封闭式问题一样是不应该使用的，因为它们会把客户引向一个特定的答案。

这种因我频繁地使用回放式陈述而做出的反应在中东和亚洲地区的客户中表现得更加强烈。这些地区的人们把回放式陈述等同于直接交流。

在他们的文化中，对某人直言不讳可能造成对抗或伤害。当我指导这些地区的教练时，他们说我不了解他们的文化，在他们这里，这么直率是不礼貌的。

这个信念正确的一面

在给出一个回放式陈述时，你的情绪会影响对方的反应。如果你不是带着好奇和关爱给出你的陈述，客户就可能会感觉你太过强硬。

如果你的意图是指出客户思想中的错误，他们会感觉受到了摆布。他们会停止前进。

当你感到不耐烦或不舒适时，你的回放式陈述会令人感觉带有评判或过于强求。客户可能会觉得你在批评他们。他们会恼怒地退缩。或者他们可能会变得顺从，期望你告诉他们应该如何改变思想和行为。

这个信息不正确和限制性的一面

如果有人说回放式陈述会引领客户去往某个特定的方向，它们是强硬的——不要相信他们！

反馈往往是伤人自尊的。生硬地用建议或对客户观点的评判来回应他们，会拉远你和客户之间的距离，不管你们身在何处。像给予反馈和评判客户这类回应与本书讲授的运用回放式陈述是大不一样的。

替代的观点

如果你主动回放客户表达的话语和情绪，并且对回放的正确性或其引发的具体回应保持中立，那么你就不会让人感觉是在指挥客户。回放式陈述只有在教练不耐烦或不安时才会令人感到强硬。

回放式陈述可能会挑战客户信念的事实根据，以一种令人不舒适、尴尬或困惑的方式扰乱客户的大脑。只要你保持平静，为客户保持一个安静、安全的空间去应对他们的情绪，他们的负面反应就会消退。如果你接着问他们现在认识到了什么，你会促使他们说出一个更有建设性的看法，有助于他们找到一条前进之路去实现期望的结果。即使他们在意识到自己的思想和行为如何限制自己时感觉不舒适，在教练谈话结束后他们也会更有信心。

错误的信念 #5：教练工作必须有清晰的目标或愿景

这个信念来自何处

据我所知，没有任何教练培训不谈到如何确立教练谈话的期望结果或目标。凯斯西储大学魏瑟赫德管理学院的教练研究实验室大力宣扬正向展望在教练过程中的力量。如果你心中有一个目标，而不是聚焦于有待解决的问题，教练工作就会朝着正确的方向前进。专注于愿景会让谈话保持激励作用，使其能够鼓舞人心、充满力量、自主前进。

这个信念正确的一面

教练过程中最重要却又困难的一项工作是让谈话始终朝着一个令人满意的结果推进。尽管教练工作的方向可能在一次谈话中发生多次改变，但是最终的目的地必须明确，否则就无法让客户感受到任何进步。

如果教练谈话的期望结果一直模糊不清，谈话就会在原地打转。客户可能会说出接下来的行动计划，但是他们大概率不会付诸行动。他们也许在一个安全的空间开心地谈论了他们的问题,但是并没有做出任何决定。

这个信念不正确和限制性的一面

如果有人说客户必须在教练谈话开始时有一个清晰的愿景——不要相信他们!

客户刚开始往往不确定他们想从教练中得到什么。他们顶多只能描述那个令他们困惑的决定或他们需要对处境有一个什么样的清晰认识。

有一次,在一堂小组指导课上,教练要求客户为她想要创造的未来描绘出一幅清晰的、正向的画面。客户说她对此没有准备。她想先谈谈她目前面临的各种选择,之后她才能决定她希望看到怎样的未来。教练坚持要求她说出她最好的未来看上去是什么样子的。客户断然拒绝。教练请她站起来并试着走向她的未来,去看看可能会看到什么。客户撅起嘴哭了起来。我中止了这次谈话,以免造成更多的伤害。

这位教练受过的培训教给她要在教练工作一开始就创建一个清晰的、正向的愿景。这使她的表现过于程式化。她始终没有注意到客户的需要。并不是说想象期望的未来是不可能的,只不过在那样的情况下的确是不可能的。

替代的观点

教练谈话的目标必须清晰,不过它往往随着教练过程的推进而发生变化。在谈话开始时,客户也许只能针对使他们卡住或犹豫的事情提出一种想要澄清思路的愿望。随着谈话的推进,那些使他们的大脑无法运转的恐惧、需求或价值观冲突可能会浮出水面。一个新的目标会显露出来。这个新目标很可能更加个人化，如"培养必需的信心去承担更大的风险"。教练工作朝着这个新的方向转变。这种转变可能在一次谈话中发生多次，因为随着客户更深入地梳理他们的思想和情感，他们真正想要的结果和真正的障碍会显现出来。

此外，一次谈话的成功并不总包括朝着一个切实的目标迈进这一步骤。你必须考虑客户的行动意愿。处理新信息可能需要数日。不过，你还是应该从客户那里得到一个承诺，一个关于他们会在何时以何种方式去思考教练过程中出现的某个问题的承诺。如果他们履行了承诺，他们可能会在下次谈话之前做出一个决定或采取重要措施。

有时候最好的学习发生在教练谈话之外的时间里。

第2部分

五大核心实践

当我们质疑自己已有的知识时,我们就会开始学习。只不过我们在独自思考时并不擅长这样做。

——玛莎·雷诺兹

很多教练模型都能带来令客户满意的结果。创造一个安全的空间供人们停下来厘清他们的思想，这本身就是有益的。要想发挥教练模型的积极作用，必须先实现三个目标：（1）确定教练谈话的期望结果，尽管它会发生变化；（2）发现障碍或客户需要做出的决定；（3）明确说出可完成的下一步行动。

这三个目标在所有有效的教练模型中都为教练谈话提供了焦点并推动其前进。期望的结果明确界定了客户想要通过谈话得到什么。障碍是那些阻止客户达成期望结果的情感、信念或冲突。具体说明并承诺完成至少一个前进步骤，这会确保在下次谈话开始前获得的进步，即便这个前进步骤是"我需要花时间思考一下"。

确定一个期望的结果，想清楚各种选择和后果，然后制订一个计划，这是基本的解决问题的过程。我们把它称为表层教练，或者事务性教练。这种类型的谈话是有益的，尤其是当客户是有声思维者时，他们需要把想法全部说出来，并且他们与你谈话有安全感。我有时会和客户进行这种谈话，但不会一直这样。在每次谈话中都做一名参谋，这不值他们付出的价钱，也不值得让我付出时间。这种教练工作一直聚焦在问题上，而没有关注那些把处境视为问题的人。

更有价值的工作是利用我的教练技术和经验去检查，看看是什么使现状成为客户无法独自解决的问题。他们的思想在他们面对的困境中起着怎样的作用？教练模型的第二步使教练工作不同于解决问题。那些用来发现客户需要做出什么决定的方法是变革思想的关键。我们教练客户用新的方式去看待问题和各种可能性。客户会获得更开阔的视野去看待自己和自己的处境，从而改变他们处理人际关系和前进决策的方式。

事务性教练和变革性教练

事务性教练发生的场合是，你协助客户探讨他们对某个处境的想法，以便他们能决定下一步该做什么或不该做什么。谈话往往遵循一个逻辑进程。你使用大量的"如果……，那么""有哪些理由""还有什么是可能的"等来促使客户展开分析。客户可能会回顾过去以分辨出那些导致现状的因素。你可以引导他们展望下一步可能发生的事，然后逐步向前推进。你甚至可以探讨现状，以帮助客户分清可行的计划和不切实际的愿望。

无论你选择哪个方向，事务性教练都是直线式的，并向外聚焦于问题。这样的谈话停留在表面，没有深入探讨客户的思维模式、偏见和情感过滤器。客户可能会感谢你并承诺实施一个行动计划。然而，一旦他们面对日常困境，这个计划往往会被改变或遗忘。

并非每次谈话都需要探讨信念和障碍，但是即使只在检验前提假设或识别内心逃避方面稍做尝试也是有帮助的。当人们长期生活在某些信念和行为中时，一种事务性的、聚集于解决问题的方式并不能有效地引起改变。神经科学家迈克尔·加扎尼加说，我们在自动思维进程中度过每一天，很少停下来质疑自己做出选择的理由。即使我们的确这样做了，我们的大脑也会抵制自我分析，目的是使我们继续感到安全和正确，即便我们感到我们的理由不合逻辑。因此，我们需要有别人用一种变革式的方式来帮助我们突破这些防护装置。

变革性教练采用由内而外的方式。回放式探究是一种强有力的方法，能给人们的思维模式造成必要的干扰，从而带来突破性转变。这就是教练工作的神奇之处。

借助回放式探究，客户会看清他们的各种信念，就像把它们摆在桌面上仔细察看一样。从这个有利的角度，他们能看到自己思维方式中的漏洞或一个过时的观点。更深入的回放和发问会揭示未说出的恐惧、需求和愿望。随着客户逐渐形成新的观点和信念，他们构建的现实图像会发生改变。

> 当客户赋予自己和周围的世界新的意义时，他们的能力、局限性，以及他们所定义的对与错都会改变。这种改变会导致他们在选择和行为上的改变。

运用回放式探究教练人而非问题，这是变革性教练的基石。第3章—第7章描述的五大核心实践将呈现你所需要的回放式探究工具。这些工具会改进你的教练技术，不管你接受什么训练和运用什么模型。回放式探究工具箱包括以下内容。

1. 聚焦：教练人，而非问题。

2. 主动回放：回放关键片段以供检查。

3. 打开客户的思维：发现真正的需求。

4. 守住目标：坚持到底。

5. 创新与展望：教练领悟和承诺。

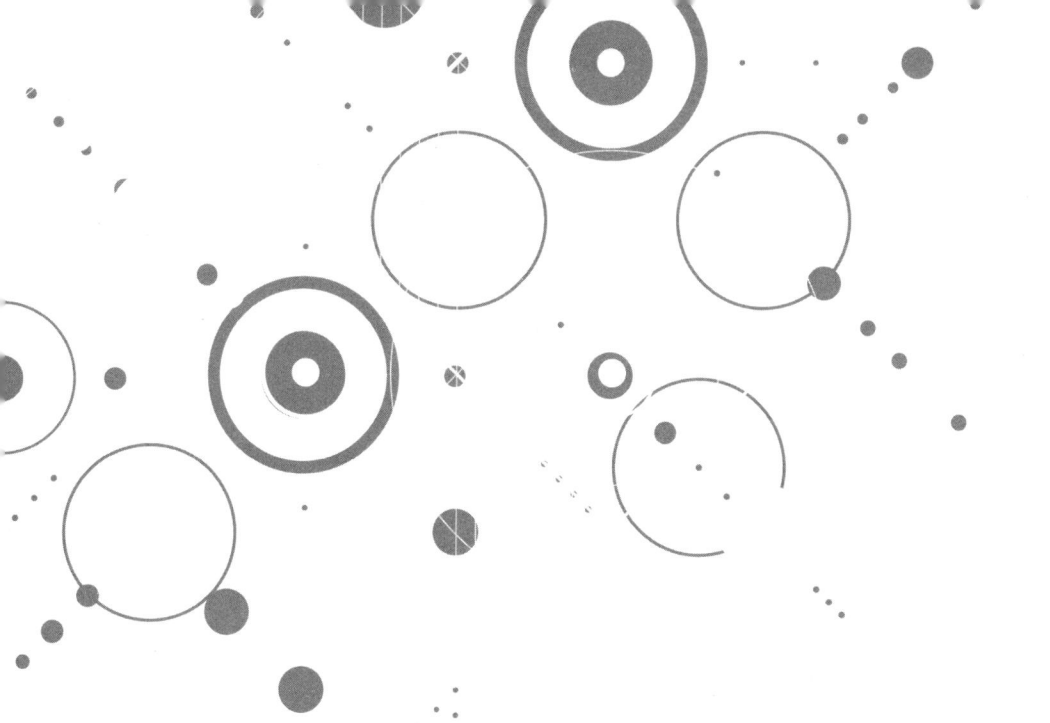

第3章

聚焦：教练人，而非问题

客户总是比你更了解下一步该做什么。

——玛莎·雷诺兹

大多数解决问题的程式，甚至一些教练模型，都聚焦于为一个问题找到解决方案。教练谈话通常以客户描述他们面临的困境或确定他们想要讨论的话题开始。这是一个不错的起点。然而，等到客户分享他们的故事并且说明他们认为出了什么问题时，把这个起点当作整个谈话的焦点就是错误的。

如果你相信你正在教练的这个人有一些经验可以用来为提出的议题找到一个解决方案，那么焦点就需要从外部问题转向这个人。请记住，你的客户是聪明的、有智慧的。他们需要你帮助他们分辨出是什么在阻碍他们看清或承诺下一步必需的行动。是一种思维模式、一种隐藏在玩世不恭之下的恐惧，还是一个固有的、未经检验的信念？你的工作是拓展客户的觉察范围，使他们看到可以怎样以一种不同的方式理解处境。

> 你要让客户更开阔地独立思考。你要促成这个过程。

运用精湛的教练技术挑战和干扰客户的惯性思维模式，这是一个发展过程（拓展客户的视角）而不是一个运算过程（探索是什么出了故障和如何修复）。谈话可能让客户感觉不舒适，但是成效显著。你在客户的大脑中引发了更多的活动。当你关注他们的思维而不仅是行动选择和后果时，他们的信念和行为会发生改变，而这些改变是持久的、有适应性的。今天发生的改变会在将来随着环境的变化而不断拓展或改变。在第8

章，你将进一步了解如何在使客户关注期望的结果的同时为他们提供一个安全的空间，让他们愿意在你面前显露脆弱的一面。

支持客户和挑战客户

很多教练对于将焦点从问题转向人感到纠结。教练和客户都对关注外部问题感觉更加舒适。教练可能会问一些重要的问题去帮助客户分析他们对处境的看法，包括认识那些导致难以应对的困境的因素。有些人甚至可能会教练客户关注他们的优势以帮助他们找到解决方案，尝试进入教练人而非问题的领域。

这些方法是有用的，但是远远不够。它们让教练避免挑战客户的信念和思维模式。这可以使谈话保持舒适，但是它延迟了客户的自我克制，尤其是当他们拥有强烈的自负情绪时。

在自己的角色中拥有多年经验的客户喜欢依赖他们已有的知识，守护他们的观点而不是接纳新思想。有才智的人知道他们的优势是善于思考。他们打心底相信自己的解释都是真理。他们捍卫自己的观点，如同它们是牢固的事实。

为了真正地学习，客户必须经历一段时间的犹豫不定。疑惑会促使他们深入思索自己的信念和动机。客户可能会存有戒心，甚至生气，因为他们走到了悬崖边，手里紧紧抓住他们的观点。如果你平静地在关爱和继续耐心地探究之间保持平衡，他们就可能松手。他们往往会一时间不知道什么是正确的。通常这种认识能力的中断是短暂的，因为新的观点很快就会显现。

案例研究

我之前教练了一家跨国公司的一位分部领导，这家公司由一个管理总部和若干服务分部组成。这些分部很多都曾是独立的公司，先后被母公司收购和合并。我的客户所在的分部是被收购的公司之一。他领导自己的团队顺利完成了过渡。第二年，他的分部在公司创收榜上排名首位。两年后，随着母公司一系列决策的实施，我的客户所在的分部在目标达成上遇到了困难。

在我们的第三次谈话开始时，客户告诉我他的分部即将被出售。他开始像往常一样讲述他的领导班子成员的行为表现，以及谁给他造成了最大的麻烦。我问他是否愿意更深入地分析那位最难对付的领导成员的动机，因为他讲述的内容和上一次谈话的内容时差别不大。

他带着几分恼怒说："我在这里全力以赴地工作，可是他们把我逼到了绝境。"

我说："我知道你在尽最大努力保全你的分部。你决心领导你的团队渡过这个转型期，不管你遇到多大的困难。毅力是你最牢固的一条价值观；尽管你的母公司不让你参与更重要的决策，但是你始终没有改变。"

"你说得对，而且我在尽力保全现有的一切，为的是还能留下一些可供出售的东西。"

我问他是否在他的职权之内做了所有的努力，包括管理他的团队成员。

"是的，不过——"他停了一会儿，然后用我几乎听不清的声音说，"我最优秀的领导成员一直在问我他们是否应该另谋出路。我很难对此做出回答，因为我连自己的去留还没想好。"

"我理解，"我说，"听起来你的内心有一个冲突，你在犹豫作为他们的领导应该建议他们做什么，而你还不知道你自己会做什么。你决心要做他们的好领导。现在花点时间弄清楚你的个人选择，这会不会有帮助呢？"

他长舒了一口气，表示同意。他说那会帮助他在他的谈话中更加坚定、果断，而不是被动地做出反应。

我们通过进一步的探讨发现，他想要确定哪些情况会表明他离开的时机到了，这样他就能停止猜测各种可能的结果。我说听起来他想要确定那个引爆点。此时，谈话从他已经想清楚的外部困境转向他自己对辞职的矛盾心理，正是后者让他在这个关键时刻产生了不必要的焦虑。

我的下一个问题是："除了你对团队的忠诚和你克服困难的愿望，还有什么让你留了下来？"

他陷入长时间的沉默，最终他说："我不确定我能去什么地方。"再一次，我们的谈话转变了方向，聚焦于他对未来的信念。他承认他觉得自己年龄太大了，不会有任何人愿意让他去领导一家公司。这一陈述为他打开了通往一些他没有考虑过的可能性的大门，因为他被他的年龄故事卡住了。当我们发现了这个使他在推动团队工作上产生焦虑的信念后，他的紧张情绪缓和了下来。这时，他能够更好地确定那个表明他应该另谋出路的引爆点。他也知道了在那个引爆点到来之前他需要做什么。

我并不是在教练我的客户离开他的公司。我是在教练他更加坚决、果断而不是被动地做出反应。在谈话结束时，他说在明确了引爆点之后，他对他的决策和互动感觉更有信心了。

大多数坚持己见的客户会尊重某个经得起他们的抗拒的人。即使我的客户说我固执无情，他们最后总会说我让他们做出了正确的选择。我不太乐意听到他们说我让他们做了任何事，但是我欣赏他们接受自己的思想在这个过程中被改变。我还认为他们认可了我在这个旅程中的伙伴角色。我愿意挑战客户的思想，确信他们能在教练的帮助下走出混乱状态并找到解决问题的方法——这种意愿和确信创造了相互尊重的关系。

如果你想让人们用一种更开阔的方式看待他们周围的世界，你就无法避免因为你的观察和发问而导致的不安。当你教练人们去看清他们的障碍和偏见而不是解决问题和选择行动时，不舒适很可能先于突破性觉察发生。客户的焦虑或困窘往往是因为他们意识到自己一直在回避一个不愿意面对的真相。这种紧张或不安意味着教练工作在起作用！坚持教练人而非问题，那么做出重要决定和下一步行动计划的正确标准将会变得清晰。

文学家保罗·穆雷（Paul Murray）说："如果在一个艰难的真相和一个简单的谎言之间做选择，人们每次都会选择谎言。"真相往往会在给你自由之前刺痛你。在第3部分，你将了解到那些必需的思维习惯，它们能够让你优雅地为变革式教练的发生提供空间，无论客户有怎样的情绪反应。

教练人而非问题，这可以被称为基于觉察的教练，以区别于那些聚焦解决方案的教练。教练工作的焦点在于识别隐藏在观点和行为背后的信念，以及导致分歧和困惑的价值观冲突和恐惧。你要让转变发生在客户的身份认同层面，而不是仅仅试图改变他们的行动。

教练工作一般是支持性的和鼓励性的，但也可能会引起令人不舒适的扰乱。你必须愿意挑战解释、检验假定并察觉客户的情绪变化，以便客户能得到新的学习收获，而不只是整理他们已有的想法。

关于关注人而非问题的三个提示

当你尝试从关注问题转向关注人时，客户有时会觉得你在惹他们生气而不是在帮助他们。你可能也需要不止一次谈话来建立必需的信任，以便让客户接纳你。请利用以下提示去建立必要的亲和关系，有效地从聚焦于外部问题转向教练人，从而找到前进之路。

1. **设定对教练工作的期望**。你和客户需要对教练谈话抱有类似的期望。当你第一次同意客户做他们的教练时，要让他们知道你不会成为他们的顾问。你的工作是做他们的思维伙伴，找出在处理问题或决策行动上导致他们犹豫的原因。你也许会提供事实或提醒他们以前处理过的和当下相关的问题，但是你将作为一个知己来协助他们探讨当下的观点和选择。你可能会要求他们完成阅读作业或各种任务，以便在谈话之外的时间帮助他们，但是他们不应期望你告诉他们如何运用学到的东西。

2. **保持你对客户能力的信心**。你的教练意愿必须始于你对客户解决问题的潜能的信念。你的工作是帮助人们看到一条他们无法独自看到的前进之路。你对他们想得到的结果和阻止他们实现这一目标的障碍保持好奇。你想知道是什么挡在了前行的路上，以及他们怎样才能向前迈进。当你断定他们的知识和经验储备不足时，你会发觉自己很想给出建议。深呼吸！释放这一冲动，记住你的客户是有创造力的、有智慧的。

当客户知道你相信他们的能力并且你是在帮助他们找到最好的答案时，他们将愿意接受因为承认自己的缺陷、偏见和恐惧这些脆弱方面而产生的不舒适。你对客户的信念为学习的发生创造了条件。

3. 知道从澄清问题转向教练客户的正确时机。一旦你们明确了教练谈话的一个可能的结果——客户想在与你共处的这段时间实现的目标，你就可以从容地展开教练工作：探讨有哪些可能的选择、他们已经做过哪些尝试，以及哪些事情他们考虑过要做却没有做。在很多情况下，探讨那些他们没有做的事情会揭示导致他们犹豫不决的原因。与你谈话的这些有能力的人极有可能需要拓展他们的限制性观点，包括什么是正确的和错误的，什么是"应该"做的——这种"应该"是基于他人的期望或评判指导他们的行为。他们可能需要认识到对失败的恐惧或对责任的误解如何了限制他们的视角。他们可能还需要增强信心去做他们已经决定要做的事。只要他们愿意探讨那些需要解决的个人问题，你就可以将关注点从问题转向人。这时他们会意识到，若没有那些思想上的干扰，他们其实一直都知道该做什么。

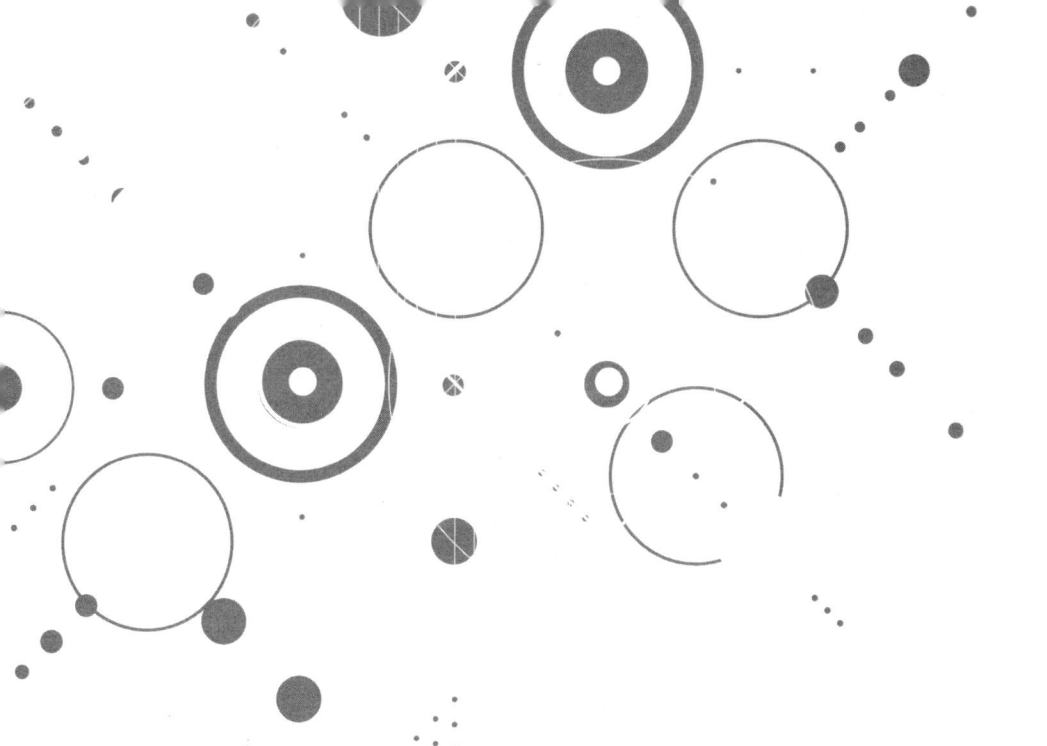

第4章

主动回放：回放关键片段以供检查

人们的体验只有在说出时才会显现。

——汉娜·阿伦特

在我们运用回放式陈述时，我们就像一面与客户互动的镜子，让他们更客观地看到自己的行为动机和限制性信念。这种认识可能是令人不快的。运用回放式陈述也是促使客户思考他们愿意采取什么行动的最佳方法，因为他们已经对需要解决什么问题有了更深入的理解。

我在获得广播传播艺术硕士学位之后的第一份工作是在一家精神病医院做视听协调员。我负责所有电视机、录像播放机和投影仪的日常运转。如果医院需要给病人录像，我还负责操作录像设备。

在获得高等学位后还要做这些琐碎的工作，我对此感到失望。正当我开始寻找一份更有成就感的工作时，我接到了一项任务，结果那成了我一生中最有趣的一次经历。

我的硕士论文探讨的是视频反馈对一个人的自尊的影响。首先，我用录像机录下一些人谈论某个话题的过程。接下来，我和这些人一起观看回放并且讨论他们会做出哪些改变以提升他们的陈述技巧。然后给他们几天的时间去演练。接着我再次给他们录像。之后我们按这套程序又重复了一遍，这样每个人合计有三次录像和回放。

我用一套评估手段去测量他们在这三个时段之前和之后的自尊。我的研究对象包括吸毒者、囚犯，也有随机挑选的在校研究生，以便平衡测试结果。在第三次录像之后，平均测量值大幅上升，这意味着自尊的提升，尤其是在自我意识和信心方面。

第4章
主动回放：回放关键片段以供检查

我对精神病医院的一位护士讲述了我的研究，当时她正在寻找教育节目放给她的厌食症患者观看。她告诉我，当她的患者照镜子时，他们只会觉得自己很胖。她认为使用视频反馈方法不会有什么不同，但是她说试一试也很有意思。她问主治医师是否觉得我的方法用在病人身上会有什么害处。他鼓励这个尝试，不过要求录像期间他要在场。

惊人的结果在第一次回放中就出现了。当患者们看到视频中的自己时都惊得倒抽一口气。他们第一次发现自己已经瘦得不成人样了。他们注意到了以前看不见的身体缺陷和皮肤问题。

尽管这些患者在静止的镜子里看不到真相，但是他们在观看视频回放中的自己时看到了他们身体的损坏情况。这个主动回放过程使他们愿意接受更多的治疗选择。

在教练工作中经常提到的镜像技术再现了视频回放的效果。回放客户的话语和表现，然后根据你的好奇心提出一个问题，这会有效地引起客户的自我反思。但是与镜子不同的是，你提供的不是静态的复制。你的回放式陈述和发问提供的主动回放不仅涉及他们的行为，还包括他们的信念、恐惧、失望、背叛、价值观冲突，以及促使他们行动的愿望。

主动回放实践中有两个重要的技术：（1）总结客户所说的要点；（2）注意到客户的情绪变化并且不去解释其意义。总结要点和分享你注意到的情绪这两个技术涵盖了本章描述的各种细分技术。将这些技术与澄清性和探索性问题结合运用便产生了探究。你的探索行为会深入到客户思想形成的根源。客户由此获得的领悟将推动他们前进。

总结

尽管总结可能看起来过于简单化，其效果却是强有力的。当人们听到自己的话语被别人说出时，他们的想法和信念如同陈列在面前供他们检查一样。此时他们开始内省。从这个有利的位置，他们会瞥见以前的盲区或看到自己信念中的错误。他们很可能会停下来，而且有可能屏住呼吸，因为他们的大脑在重新组织、连接并形成新的观点来解释他们当前的觉察。

总结的意图不是要记住并重复客户所说的话，而是帮助客户客观地观察他们的故事和他们讲述故事的方式。当他们听到自己是如何思考的时，他们就能看到他们对行动、事件和选择的认识是有局限性的。

总结技术包括三个技能：（1）重述；（2）改述；（3）概括。你往往需要在总结陈述之后跟进发问，以确认你说的话是否正确，或者它对谈话的方向是否有影响。例如，"这个冲突对你实现目标的能力有怎样的影响？"回放式探究的正确运用是先通过总结让客户听到他们的想法，然后用一个发问去启动他们检查自我。

重述

我在教练时最喜欢用的一句话是："那么，你是在告诉我……"然后我开始重述议题、问题或提出的目标，以及客户所说的导致行动困难的关键因素。不用我发问，客户就会同意或纠正我的看法。

尽管你是在突出重点，但不要漏掉任何不和谐的细节。客户用情绪变化表达的旁白往往会透露出给其造成障碍的重要信念。

案例研究

我的客户描述了她对丈夫的失望。她丈夫五年来一直做着一份夜班工作。她认为他们曾说好在有了孩子时他会找一份白天的工作，现在他们已经有了两个孩子。她的丈夫总是阻止她谈论换工作的可能性。

我是这样重述的："我听到你希望你的丈夫找一份新工作，但是他不愿意和你谈这个话题。"她同意我的说法。我接着问，她的丈夫到底是怎样阻止她的。我想弄清楚是什么使她难以发起这个谈话。

她说："一年前，我试着劝他找一份新工作。他突然陷入沉默，好像在我们之间垒起了一堵厚厚的墙，这让我感到害怕，所以再也不敢提起这件事。现在我们基本上不谈任何重要的事情。我们待在一起的时间极少。当我们都在家时，他总是在玩手机。我不知道该怎么办。"

我说："我明白了。你想让你的丈夫找一份新工作，但是他回避这个话题，而且你担心如果重提这件事他会拒绝交谈，这导致你们的关系变得疏远。当你强调'垒起了一堵厚厚的墙'时，我感觉那像是你的情绪爆发点。"

她的愤怒慢慢地化为悲伤。在经过长时间的停顿后，她轻声说："是的。"于是我请她选择我们的教练方向。"你是想考虑用什么方法与你的丈夫就找工作这件事开展一次有效的谈话，还是想考虑如何打破你们之间的那堵墙？"她选择要设法消除两人之间的隔阂。

在重述时，要利用客户的措辞。接收他们所说的话，以便能够把它回放给他们。要把他们用来强调愿望和烦恼的情绪包括在内。不要分析其中的含义。当你开始思考他们正在说的话时，你会错过要点。思考是教练的大敌。

重述有助于澄清问题

重述可以帮助你聚焦于探讨客户对处境的感知，而不局限于最初的故事。很多时候教练在听了客户的故事后就认为自己拥有了完整的图像。如果你说，"请让我看看我是否理解你的处境"，然后说出客户所描述的困境，你就为你们双方澄清了出发点。通常，客户在听了你的总结后会补充一些重要的细节。他们也会感到你在倾听且处于当下。

当你澄清时，你的发问应该有助于揭示客户对可接受因素的看法。带着好奇心去发现：什么对他们是最重要的，他们已经有多久一直在思考这个处境却没有采取行动，现在是否有什么事情正在迫使他们采取行动，以及他们已经采取的哪些行动促进或阻碍了他们的进展。简短的总结再加上发问能客观、全面地把叙述摆在客户面前，这是他们无法独自完成的。

一定要注意客户以"我想要"或"我需要"开头的任何陈述。探讨他们的愿望和需求的重要性，以及未能实现它们的代价。你还要知道他们是否相信自己的需求是可实现的，以及他们是否愿意为得到他们想要或需要的东西采取必要的行动。

在重述和澄清的时候要有耐心。当你帮助客户明确了他们真正期望的结果时，后续的教练工作将更容易且有益于客户。

重述有助于识别冲突和矛盾

客户经常因为他们的期望和责任发生冲突而被卡住。在你澄清这两个方面时，他们可能会表现得更加沮丧或焦虑。

案例研究

我曾经教练了一位女士，她想探讨怎样才能更喜欢自己的工作。她说她现在的工作过于简单，没有挑战性。她希望开发一个新项目，但是公司的发展导致了"愚蠢的内部争斗"，占用了她的时间。她看不到这个困境的出路，她经常把怒气发泄到家人身上。

我重述了这种"愚蠢的争斗"是如何阻止她喜欢她的工作并造成家庭关系的紧张的。她争辩说这份工作很好：薪水高，而且适合她的专长；公司在不断发展；她的家庭因她待在这家公司而在很多方面受益。我总结了她坚持做这份工作的这些理由，并且告诉她当她说这些时她的情绪有点激动，好像她对我或教练工作有些恼火。

她不假思索地说："我想走难道错了吗？所有人都羡慕我的职位。它给我的家庭带来了保障。假如我离开的话，谁知道会发生什么？"

我说："是的，假如你离开的话，谁知道会发生什么？你想走，但是你周围的每个人都认为你应该留下。"

她茫然地看着我。我保持沉默。最终，她说："我应该心存感激，但是我的感觉并不是那样的。"

我说："听起来似乎你的愿望和你认为你应该做的事发生了冲突，以至于你觉得想走是错误的和不道德的。"她点头表示同意。我请她权衡离开的愿望和留下的理由，评估一下现在哪个选择对她最重要。

她立即说："我想离开。"

我对她回答的速度和坚决度表示赞赏，然后说："既然你想离开，你是否愿意更深入地探讨这个选择的影响？它在多大程度上真的会使你变得错误和不道德？"

在这次谈话结束时，我们并没有形成一个决定。她说她必须再考虑一下。两小时后，她发给我一封电子邮件："只要我愿意，我就可以自由地离开。谢谢你。"

这次谈话是成功的，因为它让这位客户清晰地看到是谁在为她做出选择。她有了行动能力。关于如何说服家人和如何摆脱局外人的意见干扰，她有了更多的想法。在把未知和令人兴奋的可能性分开之后，她现在能够更好地计划接下来的行动。

当你指出一个明显的冲突时，只要客户使用"但是"这个词，那就要留心，尤其是当他们的情绪表示出对某种选择的偏好时。不要催促他们做选择。帮助他们看到，他们可以有更多的选择或行动方案，而不只是他们现在正在考虑的这两种。

案例研究

我有一个客户决定出售他的公司，但是一到我们每月两次的谈话时间，他总会讲述一个新的事件如何导致出售的延迟。在这种情况持续了两个月后，我给他回放了这一事实，即一连串的事件在阻止他实现目标。我问他是否可以做一个选择——出售或不出售。他说他没有考虑过不出售。他需要时间思考。

两天后，他打电话告诉我他最终还是不想出售公司。他爱他的"工作大家庭"。他为员工们提供了一个很棒的工作场所，对此他感到满足和快乐。他的答复听上去很坚定，不像为回避改变而找的借口。

我对他的勇气表示赞赏。

一旦做出了选择，他就意识到，他可以委托下属承担更多的责任，这样他就有了做某些事情的自由，而那些事情他原以为只有出售公司之后才能去做。

> 当存在价值观冲突时，人们会觉得左右为难。在教练过程中总结冲突会给予客户清晰的想法和信心去选择下一步行动。

当心不要评判客户的最佳选择是哪一个。接受客户的决定，无论他们认为当下最适合他们的选择是什么。

改述

在前文那个客户想辞职却感觉其他人会认为她的决定是错误的案例中，我使用了"错误"和"不道德"这两个词去澄清她的冲突。她用了"错误"这个词；我加上"不道德"这个词是为了核实她的忧虑程度。和伤害他人的决定相比，错误的决定更容易让人接受。我根据她的情绪从而对她使用了"错误"和"不道德"这两个词。尽管她在描述自己不得不应对的工作中出现的愚蠢的争斗时表达了蔑视，但是在谈到人们如何评判她的辞职决定时，她的负罪感流露了出来。她不只是在考虑一个正确或错误的决定，她感觉人们会根据她的选择来判断她是否道德。

改述会帮助客户评估他们的话语和情绪的含义。你可以用一种略有不同的形式重新叙述你听到的内容，以帮助客户显现和探讨他们的信念。

改述是一个提议。客户可以接受你的措辞，也可以不接受。如果他们不接受，很可能他们会提出一个替代的解释。

在改述时，你是在插入对客户话语的解释。注意一定要根据他们所说的话给出你的描述。如果你是根据自己的经历猜测他们面临的处境什么，你就用评判代替了回放。

有时你可能很难实时分辨改述和评判。如果你想提高这项技能，一个很好的做法是在征得客户同意的情况下录下你们的谈话，并在回顾学习之后将其删掉。当你听到自己的改述时，思考一下你的措辞源于客户做出的哪些陈述。你的措辞是否有助于澄清问题？或者你是否在引导客户接受一个基于你自身经历的处境的定义？你要尽可能确保你的改述是客户所说话语的替代陈述，而不是你对客户所分享内容的看法。

还可以运用隐喻来改述。你可以用一个隐喻把客户讲述的内容描绘成一幅图像，将其放入一个具有相同意义的不同背景中。例如，当一位领导者讲述为什么她不放心把工作委派给下属去做时，你可以说："这听上去就像你一直在亲自修剪你家的花草，而不是委托邻家少年做这项工作。"

如果客户同意这个描述，你可以接着探讨隐藏在这幅图像中的信念。

在这个委派工作的例子里，你可以探讨这位领导者关于下属和邻家少年缺乏能力的两个信念之间的异同。你也许会发现她领导的是一个新团队，而且她没有可利用的经验。在这种情况下，委派工作需要先进行培训。或许你会发现客户对他人缺乏能力的评判过于苛刻。这可能使她产生了忧虑，阻止她把工作委派给下属。隐喻是一种很棒的澄清手段。

概括

有时候你只需用几个词就能抓住客户故事中的主要因素。你可以用一个短语甚至一个词去命名客户的体验。这就是概括这项技能包括标注法、底线法和区分法。

标注法

标注客户的体验就是给他们的故事加一个标题。你可以利用他们讲述故事时用过的词语，如"那是一个巨大的未知"或"缺乏信任"。你还可以用一个简短的隐喻，如"听起来你快要被水淹没了"，"听起来你正在把一块巨石推上山顶"，或者"听起来你已经看不到终点线了"。如果客户只是表示同意而没有做出解释，那么你可以跟进发问："这个图像对于实现你提出的谈话成果意味着什么？"

案例研究

我曾经教练了一位领导者，他想探讨为什么他一直在犹豫是否接受一个很有吸引力的工作邀请。发出邀请的这家公司位于另一个国家，他很愿意去那里生活。他有三段工作经历。在加入一家公司后，他迅速通过增加新产品大幅提高了公司收入，然后便跳槽到同一行业的一家新公司。

他目前的工作是他在一个新行业的初次尝试。他很感激公司总裁对他的信任。这位总裁还给了他高级领导的职位。在这家公司，除了创新能力和执行能力，他还学到了很多领导技术。但是，他正在考虑的那份新工作不仅能磨炼他的技能，而且对他的家人有好处。

我说："听起来有一些忠诚因素在里面。"

"不错！"他说，"你说的对！忠诚——我以前从未有过这种感受。这就是我以前更容易辞职的原因。"

谈话转向了探讨忠诚是一个阻碍还是一个优势。他决定继续留在现在的公司，因为他想拓展他的领导能力。

我用一个词——"忠诚"——概括了他的困境。这个标注给了他一个必需的清晰度去评估他面临的冲突。

底线法

底线法可以帮助客户分离出需要解决的问题以实现他们期望的结果。客户往往不会改变自己想实现的目标，却又会说出一大堆无法前进的理由。当你总结这些理由时，他们又会提出新的理由。谈话因此一直在原地打转。

留心听"但是"这个词。它表示客户的大脑正在为不采取行动编造借口。将谈话带回到"但是"之前的那个陈述，划出底线，看看如果值得冒险的话，那是不是他们想要采取的行动。

底线法还可用于区分冒险尝试的可能后果和不太可能的后果。例如，在客户列出可能发生的所有不利结果之后，你可以说："让我们划出底线，你想找到一份新工作，但是现在只有三件事会使这次行动变得困难。"从这个视角，他们能够更好地审视当前是什么在阻止他们行动。

> 底线法陈述可以帮助客户驱散恐惧的迷雾。

底线法还可以用于总结信念和领悟。

案例研究

我有这样一位客户，她似乎无法找到恰当的时机去请求她的上司扩大她的职责范围。她总能为她没有提出这个请求找到一个很好的理由。

我问她："让我们划出底线，如果你提出了你的请求，最坏的结果会是什么？"她说她害怕上司会认为她想取代他。我说："你认为你的上司会站在敌对的位置。是什么让你认为他会以这种方式回应你的请求？"她承认他大概不会如此消极地回应。她还说她会确保使她的请求听上去不像一个威胁。

我接着说："那感觉很容易。你面对的真正危险是什么？"

她不假思索地说："万一我没有能力承担更多工作呢？"

我说："那么，让我们来划出底线，你犹豫不决是因为你害怕失败，而不是因为你的上司会做出怎样的反应。"她表示同意。

我问她是否对下一步职业生涯的成功有一个设想。她轻松地描绘了未来的图像。我问她是否想把教练谈话的焦点转向如何实现她预想的成功上。然后，她找出了自己在能力和知识上的欠缺之处，这让她确定了自己的发展需求。最后，这位客户再也没有任何理由不定下日子去和上司谈谈她的未来了。

那种阻止人们前进的疑虑往往源自对羞辱和尴尬的恐惧。人们不想显得愚蠢、被视为不称职的领导或家长，或者因为做出改变而遭到拒绝。他们把更多的时间用于为不采取行动找借口而不是计划行动方案。

简明地总结客户的观点会帮助客户评估他们担心的失败会有多大的可能性。他们不再受借口的影响。他们也能看到，如果他们担心的后果发生了，他们该如何应对。

我经常在底线法陈述后跟进发问："假如你不必担心任何事情，假如不存在任何'但是'，你会做什么？"这个发问不仅有助于澄清客户真正想做什么，而且会减弱他们的恐惧的影响。

区分法

我最喜欢的一个技巧是做出区分以帮助澄清客户想要什么或需要做出什么决定。例如，我的一个客户想提高自己的适应力，但她担心自己的大脑随着年龄的增长而变得迟钝。她在采取行动时已不如当年创业时那么果断。为了澄清她认为自己正在失去什么，我说："我听到两件事情。你不能果断行动和你不能快速看清行动选择。哪个问题更重要：你现在没有年轻时那么大胆，还是说你在寻找解决方案时没有以前那么机智？"她说她没有以前那么机智，这个回答让我们开始探讨她现在和几年前相比应对问题的方式有哪些变化。

她最后说:"我只是有些疲倦。"

我问她:"你是对现在的工作感到厌倦,还是说你的工作负担太重,你的身体太疲劳?"她选择了后者。这让她说起了她是多么缺乏自我照顾,我们的教练谈话因此转向一个新的期望的结果。

其他常见的区分包括比较客户的激情和他们对当前承诺的喜悦程度,探讨他们自愿接受的卓越标准和他们对完美的需要,以及他们用于衡量成功的质量因素和数量因素。你还可以帮助客户检查他们的话语的含义。例如,如果他们说"我对他们的行为受够了",你可以问:"受够了是什么意思?是你没有办法解决这个问题,还是你对他们的行为很生气?"这个澄清会让客户思考他们真正想解决什么问题。

当你听到需求或价值观的冲突时,你可以用这样的发问改进行动选择:"你的两个选择是相互冲突的,还是说你可以两者兼顾?"一些典型的情况包括:

- 客户想换一份工作,却不想打乱家庭的日常生活。
- 客户想花更多的时间陪伴家人,却又想得到更多对她工作付出的认可。
- 客户乐于帮助他人,却希望拥有更多属于自己的时间。
- 客户喜欢工作带来的成就感,却感觉是时候体验不同的生活了。

区分法是澄清客户的思维在哪里受阻的一个极好的方法。各种区分可以澄清客户的思想和感受。它们明确了需要解决什么问题才能向前迈进。它们能够准确指出价值观的冲突以更好地探讨行动选择。请运用区分法帮助客户消除困惑。谈话将更快速地向前推进。

总结和发问的搭配运用

一旦你通过重述、改述和概括对客户在谈话中提供的信息做出了总结，你可以紧跟着你的陈述提出一个发问。这个发问将出自你的好奇，你想知道他们从你提供的视角如何看待这个处境。即便跟在总结之后的是一个封闭式问题，如"这是正确的吗""这是最令你担忧的事吗"，也能成为强有力的澄清手段。你不必花时间去回忆以前奏效的教练发问。基于你分享的回放，发问将自动形成。

关于总结的三个提示

当客户一筹莫展、看不到困境的出路时，他们会在解释观点的过程中迷失方向。总结是帮助他们驱散迷雾、看清道路的一个方法。有了更清晰的思维能力，他们就能更好地认识他们的障碍和选择。请运用下列提示简洁地回放客户的体验，以帮助他们客观地观察自己的处境。

1. **当重述或概括客户期望的结果和阻碍他们行动的因素时，运用客户的措辞。** 然后请他们解释他们的关键措辞的意思。关键措辞包括：他们对行动的解释（原因）；跟随在话语后面的真正的观点，如"我真正想要的是……"或"真正的问题是……"；充满强烈的感情色彩的用语。

2. **运用隐喻改述客户对处境的反应方式。** 描绘一幅图像，它在不同的背景中有着相同的意义，如"感觉你在用肩膀扛起整个世界""你似乎在逆流行舟"，或者"你被一群秃鹫包围着"。紧接着用发问使那些构建他们观点的潜在信念、假定和恐惧显现出来。

3. **运用底线法克服各种借口和不必要的故事背景细节的干扰，提出你所听到的客户期望的结果和实现这个结果的最大障碍。** 如果他们同意这个底线，你可以运用区分法进一步澄清需要解决什么问题，如"你想要这个……还是这个……"或者"你更害怕的是失去你在乎的某个东西，还是去做你为了追逐梦想不得不做的某件事情？"底线法和区分法能够澄清客户的思想，使他们更快地找到解决方案。

察觉情绪变化

人们并不总是说实话。

这并不意味着他们在故意撒谎或隐瞒信息。他们往往不知道如何准确说出自己的感受和产生这种感受的原因。如果他们不知道你会如何做出反应，他们可能不愿意分享一个坚定的观点。他们会避免透露令人尴尬的想法或行动计划。

然而，情绪、犹豫和夸张能够显露客户需要解决什么问题才能决定下一步行动。通过分享你对他们表现出来的情绪变化的观察，你能够帮助他们把难以表达的东西显现出来。

当我总结客户对我说的话并询问他们我所说的是否恰当地描述了真实情况时，或者当我列出他们所说的想要探讨的各个问题并询问哪个最重要时，他们会停下来思考自己的想法。当我注意到并分享他们的情绪变化时，他们会停下来思考自己的感受。在试图找到阻碍前进的信念、冲突或恐惧时，探讨情绪可能比探讨想法更有力量。

当你主动回放客户表现出来的情绪反应时，你就创造了一个以一种独特的方式讨论困境的机会，这种方式是客户在教练之外的谈话中不愿意或不能够采用的。例如，你可能会注意到他们有以下表现：

- 当他们改变语气时，眼睛会向下或向旁边看。
- 迟疑或默不作声。
- 声音更大或更有活力。
- 在描述自己如何理解他人的意图或行为时，他们强调"总是"或"从来不"这些词。
- 使用"真正"这个词，并使用强调的语气，如"我真正想要的"或"我真正无法忍受的"。

你要发现并分享客户的情绪反应，而不要试图去调节或缓和客户的感受。然后，你从不知情的立场出发，运用共情的好奇心去探索那些触发客户情绪表现的信念、恐惧、疑惑或冲突可能是什么。

当你拥有共情的好奇心时，你就会不加评判地接受客户的感受。你不会用发问来改变他们的感受。你会探询他们情绪反应的根源，以了解某种情绪和他们期望的结果之间的关系。

在你分享了你注意到的情绪变化之后，你可以询问客户这个表现对他们意味着什么，以判断这个回放是否触发了一个领悟。如果他们面无表情地保持沉默，你可以停下来等待他们思索这个回放。如果他们欲言又止，你就可以询问他们是否介意分享他们的想法。当他们试图解释自己的情绪反应时，运用你的总结技术把他们的情绪与他们在描述困境时分享的故事联系起来。

> 当我们开始理解自己的情绪反应时，我们会更好地理解自己。

注意到客户的情绪反应，这是一个强大却未被充分利用的教练技术。我写《不适区》（*The Discomfort Zone*）一书的起因就是我看到教练们错过或拒绝谈论看上去是负面情绪的东西。他们擅长分享客户表现出的热情、激情或宽慰，却拙于应对相对阴暗的情绪，如愤怒、悲观或内疚。或者，教练迫不及待地提出一个建议以缓解他们注意到的客户的痛苦。他们表面上的同情压倒了他们的同理心——感同身受的能力。遗憾的是，他们为使客户情绪好转而做出的努力让客户没有机会通过探讨情绪得到更好的领悟。一些客户会因为他们表现出来的情绪反应而感到羞愧。

> 当你为提供帮助而中断教练时，客户将不再感觉他们能对你敞开心扉。

认识到情绪对成长的重要性

大多数人从小就认为某些情绪是负面的和有害的。

我和所有人一样，也喜欢幸福感。当我的情绪欢快时，我会更高效。当我对明天充满希望时，我会更好相处。

同时，我也曾借助愤怒的力量在生活中做出重大改变，在感到恐惧时意识到内心深处的勇气，从悲伤中学到生命中什么才是重要的。

你需要给客户一个安全的空间让他们流泪；允许他们感到生气和伤心；接受他们，即使他们此时不相信包括你在内的任何人。你需要肯定眼前这个怀疑的批评家和失望的幻想家，同时不给他们虚假的希望。如果你有过与客户同样的经历，你可以表达你的关心，但不要教他们怎么做。

> 当你剥夺客户感受的机会时，你会阻碍他们成长。

那些试图使客户情绪好转的举措，哪怕只是递给客户一张纸巾擦眼泪，都会给教练工作带来负面影响，不管你的意图有多好。当你伸手施救时，他们可能会感到不被理解或软弱无力。你的这种"表示支持"回应会破坏他们向你倾诉的意愿。

客户不需要你去安慰他们。他们想要你认可他们的表现是正常的，无论他们有什么感受。这种完全的接受会鼓励他们谈论自己的各种感受，从而使他们更好地理解这些情绪。了解情绪的根源会帮助客户减弱情绪对思维的影响。他们更有能力看到新的可能性或他们一直知道自己必须做的事。他们能够运用从情绪反应中学到的东西去做出他们拖延已久的决定。

运用非反应性同理心

和他人共处时，你会通过自己的经历来解读你接收到的情感信号。你的人生经历让你拥有同理心，通过这种能力你可以理解他人的情绪反应的根源。然而，识别一种情绪变化和理解他人产生这种情绪的原因并不是一回事。

同理心是主观的。在你解释他人产生某种情绪的原因时，你的看法也许正确，也许不正确。当你感受到他人的情绪时，你的本能反应是真实的，但你对其情绪反应的根源的理解不一定是准确的。

案例研究

我教练的一位经理正在为将要与一位下属谈话而焦虑。那位下属是一名主管，其工作表现给团队造成了不良影响。经理希望通过这次谈话能说服他的下属欣然接受降职，但是他担心她会辞职。在我们谈过各种可能的方法后，他变得更沮丧了。最后，他低下头咕哝道："我原以为她是最佳人选。"然后他抬起头继续谈论她的反复无常。

当他说"我原以为她是最佳人选"时，我不仅注意到他的姿势和语调的变化，而且感到我的胸口有一种刺痛。我说："等一下。我们可不可以回到你刚才说的那句话？刚才你低下头又压低了声音，说什么她是最佳人选。你变得安静了，好像有点难过。"

他长叹了一口气，说："与其说是难过，不如说是难堪。也许是我的错。我也许不该过早提拔她。"

"我们可不可以谈谈这件事，还有它可能对你们的谈话有怎样的影响？"

他皱着眉说："当然可以。"我的观察使他能够面对他的恐惧——他害怕被下属看作一个不称职的领导。当他检查了这一信念并承认自己犯了一个错误之后，谈话转向他如何把他意识到的问题告诉下属——退出管理职位，并接受必要的培训和指导，以便在她准备好之后成为一名合格的主管。他仍然相信她的潜能。

分享你在客户身上观察到的情绪变化。等待他们的回应，或者请他们解释这个情绪变化的意义。他们的激动是不是意味着有某件事情对他们很重要？他们是否知道自己的疑虑来自何处？如果你对导致客户情绪变化的原因有所猜测，那就提供一个想法或一个干扰项，不用管它是否正确。他们的沮丧是源于当前的工作任务，还是因为缺乏朝向未来的前进

之路？他们生气是因为制定决策时没有听取他们的意见，还是因为他们没有发表意见？让客户决定如何解释他们的情绪反应。你提供的选项会帮助他们更深入地思考自己的想法和感受，即便他们的解释与你不同。如果他们纠正你，他们就会自行澄清自己的情绪根源。

> 相信你感受客户情绪变化的能力，
> 然后运用你的好奇心去探索触发这种情绪反应的原因。

如果客户的体验让你想起了自己的一次体验，请不要说出你的故事。当你告诉客户你过去有过同样的感受时，你就会从教练模式跳入指导模式。

如果你希望客户在你面前坦露脆弱的一面，你就需要让你因他们的情绪而产生的反应自行消退。你可以通过关爱和充满共情的好奇心为谈话的展开创造一个安全的空间。然后你就能发现和理解客户的感受，而不是和他们一起感受。

> 人类渴望被关注，并且不只是对他们话语的关注。
> 带着充满共情的好奇心去识别客户的情绪变化，
> 这体现了你的关注。

甚至在工作中，大多数人也渴望别人理解他们的感受，这是同理心的基础。客户希望你能觉察他们的不舒适或痛苦，尤其是当他们难以明确说出他们正在体验的情绪时。他们也许还希望你对他们流露的情绪做出一个共情的回应。请他们谈谈他们的情绪对他们的期望结果有怎样的影响。要弄清楚他们是想控制自己的情绪还是仅仅需要一个安全的谈话空间。

同理心太强会有不利影响吗

在我的情商和教练技术课上，经常有人问我同理心太强会不会有不利影响。如果你表现出你从他人那里接收的情绪，这个问题的答案就可能是肯定的。反之，如果你觉察并放下你身体里的这种情绪，从而为他人安全地表达自我提供空间，那么这个问题的答案就是否定的。

你体验同理心的能力不同于情绪感染，后者是指你呈现出另一个人的情绪。大多数人渴望感到被看见、被倾听和被重视，无论他们表达什么。他们希望有足够的安全感去表达自我而不觉得受到评判。他们不需要你和他们一起感到伤心、紧张、愤怒或焦虑。

如果你在最初觉察到客户的情绪反应后呈现出他们的情绪，他们可能会觉得不得不照顾你。他们也许会因为使你难过而感到内疚或抱歉。注意到客户的情绪反应是指你分享客户某个瞬间的反应，然后不加评论地把它放下。如果你感受到他们的情绪，你应该放松身体并让这种情绪消退，同时回到与客户同在当下的状态。如果你让这些情绪留在体内，那么你的身体和思想将被其"劫持"。

不受约束的情绪感染会导致应激激素的分泌增加，从而使这些情绪难以消退。在教练过程中卷入他人的情绪可能会破坏你一直希望强化的信任纽带。你可能会感到有责任缓解对方的痛苦。你会停止教练，因为你急于解决他们的问题以使他们的情绪好转，同时也是为了使自己感觉好些。

> 可以通过以下步骤来理解和鼓励他人表达：
> 观察他们的情绪反应，觉察你自己体内的感受，
> 分享你的观察和觉察，然后放下这些情绪。

注意到客户的情绪表达和变化并且不让你自己的情绪挡路，可以鼓励客户去探索。他们的情绪强度将逐渐减弱。他们能够更清晰地思考自己的想法。教练工作能够更顺利地向前推进。

关于察觉情绪变化的三个提示

回放情绪变化对教练和客户双方来说可能是令人望而生畏的，也可能是强有力的。教练在觉察客户的情绪反应时需要应对自己的不舒适，以便客观地分享观察。此外，尽管分享情绪变化能够激发新的觉察，但是客户往往在产生领悟之前会做出强烈的反应。请运用下列提示来有效地回放客户的情绪变化。

1. 留意客户在姿势、语调、面部表情和呼吸上的变化。 你可以用"我注意到""我听到""我感觉到"等字眼开头。给出这些回放，不用管它们是否正确。停下来让客户思考你的回放。等待他们回答，或者问他们这些情绪变化在他们看来有什么含义。如果他们不确定，你可以根据他们先前告诉你的信息提出一个可能的情绪根源。如果他们找到的根源与你提出的不同，他们会纠正你，而这个根源将让他们看到之前看不到的情绪。如果他们迟迟不回答，罗恩·卡鲁奇（Ron Carucci）建议运用这样的表述："请告诉我该如何解释你的沉默。"或者"看上去我刚才说的话让你想到了其他事情。你愿意与我分享一下吗？"如果他们

还没准备好谈论他们的感受，不要急于推进。新觉察的出现可能需要一定的时间。

2. 接受客户的体验，无论他们说什么和表达什么。 客户需要感到不会受到评判才能自由地表达自我。如果他们的情绪使你不舒适，深呼吸并释放这种紧张，以便你能够处于当下和保持开放。如果由于你自己的偏好而产生的评判使你的身体收紧，那就深呼吸，同时清除杂念。提醒自己去亲切地关注坐在你面前的人，他们相信你会帮助他们解决一个难题。你不需要在精神上或身体上与他们分隔开，除非你感到身体真的有受伤的危险。

3. 运用好奇心。 先了解产生好奇心时你的大脑和身体会有怎样的感觉。然后，如果你因为客户的表现而感到不舒适，说明你用同情取代了同理心，你会为他们感到难过，或者你会呈现出他们的情绪。此时，你需要找回好奇的感觉，以便继续进行教练。

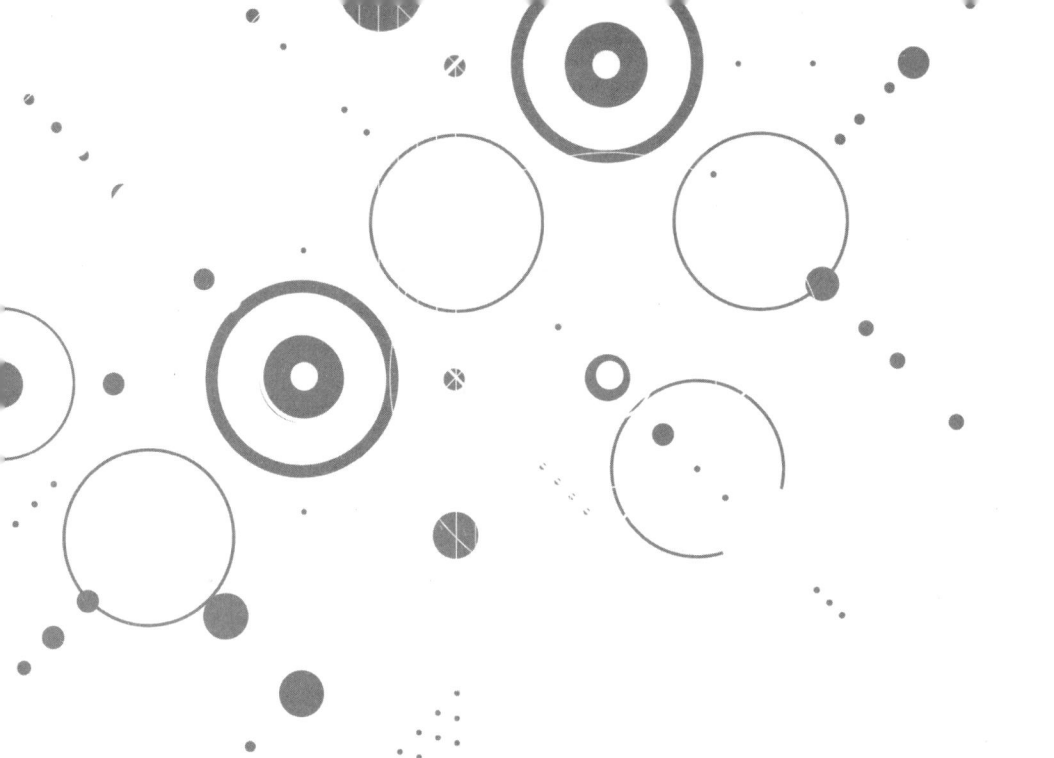

第5章

打开客户的思维：发现真正的需求

当我们需要人们跳出思维框架时，
他们甚至看不到这个框架的存在。

——理查德·博亚特兹

在我的大脑中部有一个装满故事的盒子（见图1），我靠它为每天的生活导航。盒子的框架随着我年岁的增长越发地坚固，保护着我的故事和观点不受外界干扰。从我睡醒的那一刻起，我就知道我是谁和我应该做什么，因为有那些故事引导我。我有一个"我总是早起"的故事，我似乎无法改变它。我认为我的"每日晨练"故事对于在我这个年纪保持生活质量是很重要的。我是一个思想开明的人，愿意承认我对他人有判断错误的时候，但是在写这本书时，我相信我的教练观点都是牢不可破的。当我意识到我不知道答案时，我会立即通过导师、书籍和研究去查明问题，以维护我的"专家"故事。

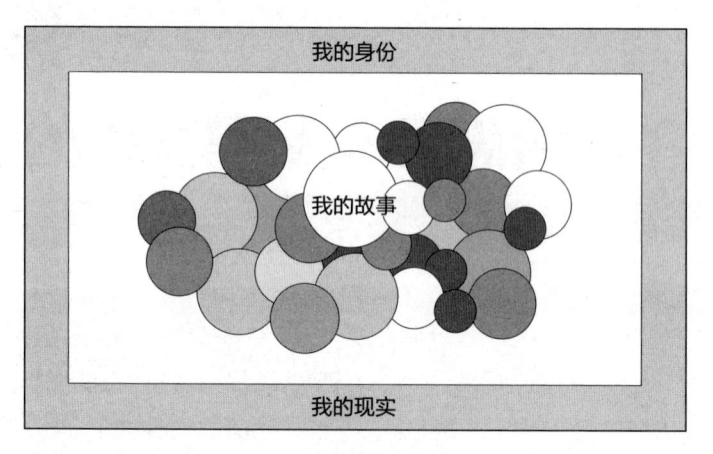

图1 装满故事的盒子

我几乎没有拿不准的事，即便在不确定性将我包围的时候。我会利用我的故事去解释环境的意义，并把我的解释称为真相。政治哲学家汉娜·阿伦特（Hannah Arendt）说："对理性的需要不是产生于对真相的探索，而是产生于对意义的追求。真相和意义是不同的。"我们的大脑会想方设法理解各种事件的意义，查明真相并不会花太多时间。

> 我们的框架给予了我们安全和束缚。

你也有一个装满故事的盒子。你的那些故事和我的不同，即便我们拥有相似的经历。

包围我们故事的框架是由我们的各种重大的人生经历和学习收获编织而成的，它形成了我们赋予每一时刻的意义（现实）和我们对自己的定义（身份）。我们需要意识到自己所认定的身份和现实，然后才能开始一天的生活，所以我们的框架非常牢固和稳定。在日常谈话中，我们坚持认为自己的框架是正确的。

框架内部是我们的背景区域（见图2）。背景区域容纳了我们最看重的东西（人生价值观）和我们需要对自身及人际关系感觉良好的各个方面（社交需求）。价值观和各种需求决定了我们对人世间是非善恶的认识。因此，我们的背景创造出我们遵循的各种生活规则，其中一些规则比其他规则更加重要。这些规则还界定了我们希望他人达到的标准。

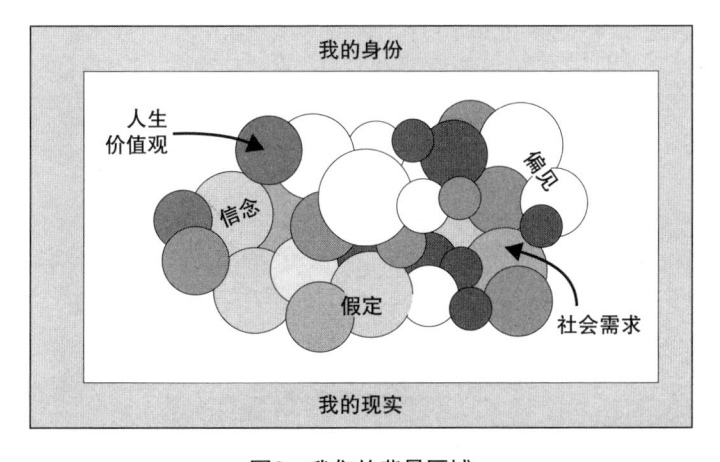

图2　我们的背景区域

我们的信念、偏见和假定都来自我们的经历，但是它们是经过我们的人生价值观和社交需求过滤之后形成的。在现实生活中，我们凭借自己的背景去解释我们所面临的处境的意义。这个意义随后成为我们的故事。

> 我们的价值观和需求塑造了我们的信念和偏见，
> 而信念和偏见两者与我们的经历混合在一起产生了故事。

教练工作最好采用由内而外的方式。我们倾听客户的故事并教练他们去检查那些支撑他们的故事的信念、偏见和假定。在这个层面进行教练可能会给予客户必要的帮助，使他们开放思想，发现新的可能性。当你教练他们去识别哪些信念和偏见不再适用时，他们的观点可能会产生彻底的转变。只要故事的叙述发生了改变，他们就能更自信地制订计划、做出决定并承诺行动。

如果客户在探讨过信念之后仍然感到毫无办法或犹豫不决，那就仔细检查他们的人生价值观和社交需求如何影响他们的故事。这个探索能够揭示客户的价值观冲突、恐惧，以及他们一直没有明确说出的真正想要的东西，从而带来新的觉察和行动选择。这些发现能够拓展他们对自我和现实的认识，给他们的框架带来改变。这种框架的破裂或拓展就是我们所说的突破。

> 框架（身份和现实）、框架内的背景区域（价值观和需求），
> 以及我们的故事（受到信念、偏见和假定的影响）共同主宰着
> 我们的思想和行动。这是我们的操作系统，整日运转不停。

教练工作可以根据客户的需要和意愿在所有这些层面（故事、背景和框架）发挥作用。

围绕故事展开教练

我们的大脑不喜欢不确定性，而且善于将意义赋予我们的每一时刻，所以我们能运用我们的信念、偏见和假定即刻编撰出自己的故事。有些故事掺杂着恐惧，有些故事则充满渴求和希望。随后我们的故事成为回忆并漂浮在我们的框架内的背景区域（见图3）。我们利用这些叙述赋予当下一定的意义和方向。

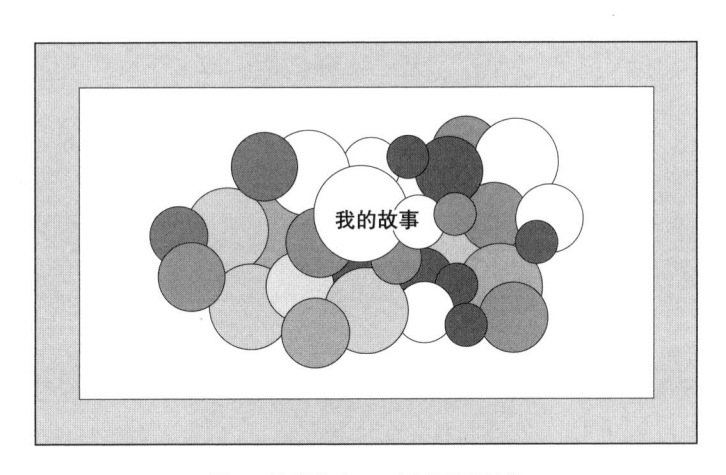

图3 故事为每一时刻赋予意义

我们相信自己讲述的故事，尽管它们是建立在主观因素之上的。《讲故事的动物》（The Storytelling Animal）一书的作者乔纳森·歌德夏（Jonathan Gottschall）说："对人类而言，故事就像地心引力：一个包围我们并影响我们所有活动的力场。和地心引力一样，故事无所不在，以至于我们几乎意识不到它如何塑造我们的生活。"我们无意识地根据记忆中的故事度过每一天。

由于我们的自我保护本能，我们很少独立地评价和改变自己的故事。然而，当其他人把我们说的话和描述的画面总结、改述和重复给我们听时，我们就能从另一个角度看到我们的故事，如同把它们摆在我们面前一样。

在故事层面展开教练是一个不错的起点。在倾听客户的故事时，教练可以准确地找出支撑故事的关键信念。教练还可以看到并探询那些阻碍客户付出行动的逻辑错误和未经证实的假定。

围绕故事展开的教练工作并没有深入到客户的价值观和需求，但是它能够揭示出客户的无根据的恐惧和未说出的渴望。它往往能带来更多的行动选择，而不是客户原以为必须面对的有限选择。这种言语表达有可能澄清客户想做而未做的那个选择——他们在回避它可能引发的不舒适。

> 不管你是否深入探索，教练工作都应该始于倾听对方关于其处境的故事。

客户的叙述最大的作用是可以用来检查他们的信念和假定如何支撑他们的故事。在抛弃或修改过时的信念和未经证实的假定之后，客户往往会有如释重负的感觉。他们可能会声称自己有了突破——突破了他们的故事的局限。他们看到一条前进之路，内心更加平静。

案例研究

我曾经教练了一位公司副总裁，当时她正带领她的团队为一次合并做准备。她的一位经理没有按时完成过渡程序所需的一份重要报表。同事们举报这位经理在多次会议上态度恶劣。我的客户详细描述了她和这位经理至今已经做过的每件事，目的是弄清楚这位经理没有做报表的原因，她对同事态度粗暴的原因，以及为支持过渡程序她需要做的工作。

我说："听起来你为了挽救她已经做了你能做的一切。"

她停了一会儿，叹了一口气，说："是的，我原本希望她会彻底转变。我想我应该让她离开。"

"对于你还没有选择的一个行动，'应该'是一个很有意思的词。对你来说，'应该'这个词意味着什么？"

"它是指我一直在回避的那个负责任的选择，"她说，"我知道我在回避。我只是没有把它说出来。"

"现在你已经说出来了，有什么不同？"

"说实话，管理层想看看我是否能做出强硬的决定。我的分部将是新公司的一个支柱。我们甚至有可能被批准成为一个独立的业务单位，拥有自己的预算和CEO。他们希望我把优秀的团队带过去。我只是不想放弃我的团队成员。"

"假如你放弃了，会发生什么？"

"难道我不能扭转局面吗？如果在这个过程中我失去一个手下，难道我不是一个不称职的领导吗？"

"但是你刚才的意思是，假如你让她离开，你就拥有了一个优秀的团队来完成过渡，你会被视为一位称职的领导。你对自己讲的那个阻止你让她离开的故事是什么？"

"我是一个能够挽救任何人的超级领导者。"

"那么你是在说超级领导者和强硬的领导者是相互冲突的。就像超人和蝙蝠侠。我想你需要选择你想披上哪个斗篷！"

她笑了，说："斗篷太老土了！"她承诺在几天内就执行她的强硬决定。不到一年，她就被晋升为CEO了。

要转变客户对处境的看法，最快的途径是教练他们去厘清那些导致困境的信念和假定。这种教练工作带来的清晰可能足以使他们满怀信心地前进。

信念和假定

向客户叙述你听到的一条信念或假定，并询问他们如何知道它是真实的，这可能会揭示出另一种可能的真相。一些假定是为了解释环境的意义而做出的，但没有得到过证实。一些信念在拿出来接受检查时可能会被看作不合理的。叙述因此而改变，这可能会启发客户的思想，甚至改变他们的人生。

案例研究

在我观察的一次教练谈话中，客户声明她期望的结果是找到实现人生目标的动力。她说她已经失去了激情，生活变得灰暗。当她年轻时，她每天早餐醒来总是充满追求目标的干劲儿。现在她担心自己的思想正在变得过时。

在讲述她的故事时，她简短地提到，为了支付丈夫的背部手术费用，她花光了家里的全部积蓄。教练问，这个损失是否意味着她需要制定新的目标。客户说她不知道自己是需要一个新目标还是仅需要一个新计划。

起初，教练尝试探讨她的优势和价值观，想看看她是否能设想一个更值得向往的未来。这位客户拒绝这样做，她又开始描述她陷入的困境，说它感觉就像一个坟墓。教练问她最难过的是什么。客户说她难过的是自己已经失去了青春。教练回答道："你似乎没有力量去创造一个新的梦想。"

"没错！"她说，"我想找回我原来的梦想！"

她的发怒令她自己和教练都吃了一惊。教练说："是谁把你的梦想拿走了？"

"我丈夫需要做手术，这不是他的错，但是有时候我会为这件事发火。然后我又为自己发火而感到懊恼。然后我就什么也不想做了。"

"所以现在你没有能力实现你的梦想。"

经过了很长一段时间的沉默后，客户说："我有这个能力，但是这就像一切都要重新开始。有太多的事情我不得不重做。"

"那么问题不是你失去了青春，而是你不能轻松舒适地实现你的梦想。"

"我不知道我是否有精力重新开始。"

"我们可以围绕重新开始来探讨一下你的信念吗？"

客户表示同意。她说她真正想要的是原来的梦想而不是一个新的梦想,但她又认为她不得不放弃原来的梦想。一想到自己再也不能拥有曾经为之奋斗的东西,再加上她因为怪罪丈夫而心怀愧疚,她就感觉自己就像活在坟墓里。

教练说:"那么重新开始不是关于放弃你的梦想,而是关于不得不做更多的事——你原本希望在你现在的年纪不必做这些事。你的年纪如何阻碍了你?"

"既然我们说到这儿了,那我就坦白说吧,问题并不在于我的年纪。我总是为生活中的改变而烦恼。这是不是太傻了?一切当然都在改变。我并不总能称心如意。"

"这个认识对你意味着什么?"

客户说她不必非要年轻几岁才能开始新的人生篇章。和她当初的期望相比,现在只不过增加了一些难度。凭着她的经验,她不必完全从头开始。

她还意识到重新拥有梦想给她带来了力量。允许自己在生活中发脾气是没有问题的。她过去遵循的教导是发脾气是不好的,尤其是对女人来说。她意识到不仅她有关表达愤怒的信念一直在控制着她,而且这种压抑使她感觉自己快要死了。教练接着问她如何利用她的愤怒去重新拥有她的梦想。她热切地列出了当前想要采取的许多行动。谈话结束时,她感觉自己心中充满了能量、信心和希望。

有人说过:"哪怕是最微小的观点变化也能改变一个生命。"教练工作可以帮助客户质疑他们有关当下和未来的信念。一个新觉察能够让他们从更开阔的视角审视自己所相信的可能结果和实现目标的必需条

件。这种反思能够生成一个拓展的或不同的故事，从而改变他们的人生选择。

偏　见

信念往往基于偏见，既包括有意识的（外显的），也包括无意识的（内隐的）。偏见是对人或事物做出评判或模式化归类的一种倾向。偏见能够保护我们免受伤害，但同时也使我们与他人保持距离并阻断我们的同理心。

有时候我们会意识到自己的偏见。我们坚定地为它们辩护，相信自己是正确的，不管有没有证据。如果一个偏见与一个人生价值观念密切相关，如拥有职业操守的重要性或将家庭置于工作之上的需要，我们要么期望他人与我们观点一致，要么出于理解他人的动机而承认他们和我们的价值观不同。

借助教练工作，我们希望暴露出客户的偏见，尤其是当它们阻碍客户实现目标时。那些渴望成为优秀的领导、家长或个人的客户可能愿意检查自己的偏见的正确性。除了教练工作，观点不同的人之间相互尊重的对话也能转变观念。

无意识偏见往往被称为盲区。典型的无意识偏见涉及看待年龄、种族、国籍、性别、宗教和生活方式的态度。偏见的影响小则惹人不快，大则给他人造成严重的伤害。如果我们掌握了支配他人的权力，我们可能会根据自己带有偏见的评判去限制他人的机会和选择。

揭露一个无意识偏见也许就足够了，这会给客户一个机会去考虑是坚持还是放弃。他们可能需要时间去思考这个发现，尤其是如果他们对过去的行为感到难堪或伤心的话。如果他们不顾教练提出的相反证据，依然选择坚持自己的偏见，那么他们可能需要考虑如何应对因期望他人持有相同的信念而产生的碰撞。他们可能会把一些期待他人像他们一样思考的想法释放，这是很好的第一步。甚至把每个人都应该有同样的偏见这种想法慢慢释放也是一个强有力的转变。

倾听客户的信念、偏见和假定。给出你察觉的东西供他们确认或反驳。当你开始探讨客户的思维模式而不是专注于找到解决方案时，你的教练工作将更加深入。恐惧和未说出的渴望有可能浮出水面，为看上去无路可走的困境开辟新的出路。此时，你成了真正的思维伙伴。

围绕背景展开教练

我们的背景是由界定我们生活的各种规则和标准所描绘的（见图4）。在每天的生活中，我们非常清楚世界应该如何运作，以及他人应该如何表现。这些概念源于我们的价值观——我们认为生命中最值得关注的东西，以及我们的社交需求——我们需要对自身和人际关系感觉良好的各个方面。

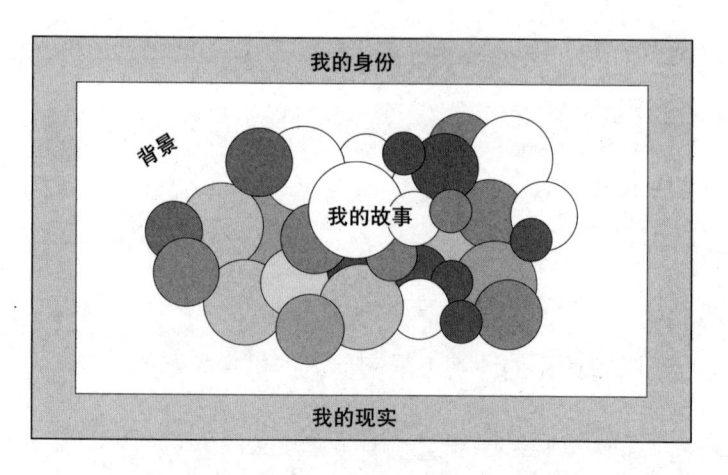

图4　我们的故事位于由人生价值观和社交需求构成的背景区域

当教练客户去检查那些影响他们的故事的信念时，你可能会发现这些信念背后的人生价值观和社交需求。权力和特权地位、文化规范，以及使我们快乐和有成就感的事物，所有这些决定塑造了我们认为重要的东西。它们还带来了评判和恐惧，这两种情绪使我们无法跳出那些指导我们生活的故事。

我们的大脑宁愿证实我们的价值观和需求，而不愿质疑它们，因为质疑我们日常遵循的规则可能会令我们害怕。心理学家约书亚·阿伦森（Joshua Aronson）说："恐惧是好奇心的敌人。"教练工作能够克服这种不敢正视价值观和需求的恐惧。运用回放式探究，我们质疑信念，并且如杜威所说："在不确定的悬念中，我们好比在爬一棵树。"从这个视角，客户在检查自己的思想时会感到更加超脱，而且他们更愿意学习。

社交需求

每当我听到有人说"我不喜欢需求太多的人"时，我总会暗自发笑。作为一种社会性动物，我们有很多需求。而我们之所以有很多需求，是因为社交需求驱动着我们与他人建立良好的关系并健康成长。

从积极的一面看，社交需求是成功的驱动器。我对关注的需求帮助我成功地成为一名作家、教师和演讲者。我对赞赏的需求驱使我渴望做出成绩。我对权力的需求帮助我经营一家成功的企业。

我们的需求和价值观一起塑造了你的身份。我们在人生的早期就发现和吸纳了有助于你成长的东西。我们认识到什么能够使自己受到关注和赞赏，或者什么能够使自己在不愿受到关注时保持低调。我们学会了自己擅长的技能，这让我们觉得自己很有价值。随着我们的成熟，我们发现了那些使工作和生活感觉舒适的界限，不管我们是否要求人们承认这些界限。我们的身份包含了我们认为需要从别人那里得到的东西，如尊重、赞赏、秩序感、支配权、好感、独立等。

从不利的一面看，社交需求遭到拒绝或侵犯可能会触发各种各样的情绪，包括恐惧、愤怒、仇恨、失望、沮丧、悲伤等。我们在期望落空时会产生情绪反应。我们需要检查为什么自己的期望能够满足某种需求，甚至质疑那些使我们认为有某种需求未被满足的假定，以便能够找到最有成效的下一步行动。

> 你也许认为你是在用逻辑思维做决定，其实你无意识的、最重要的驱动因素是对满足社交需求的渴望。

当你注意到客户讲述他们的故事时表现出负面情绪时，设法了解他们一直期望满足的社交需求是什么，或者他们担心不能实现的需求是什么。他们也许会显示出怨恨并毫无理由地认为别人的行为对自己不利。或者他们可能会屈服，说"这种情况永远不会改变。我只能接受现实"，或者"去他的，我要在别的地方拿到我本该得到的东西"。

有需求并不是坏事。我们有需求是因为在生活中的某个时刻，某种需求对我们有益。例如，你的经历可能告诉你，人生的成功取决于保持支配权、在周围的环境中建立安全感，以及和欣赏你的才智的人共处。你行为往往出于满足需求的动机。你最快乐的时刻是你的家人和同事满足了你的需求的时候，哪怕只满足了一小部分。

然而，你越是希望在某个场合满足某种需求，你的大脑越会警惕那些可能不让你得到满足的人。他们甚至可能嘲笑你的需求。如果你推测你不会得到需要的东西，或者你认为你的某个需求可能使你受到负面评判，你就会产生情绪反应。

此时，你必须判断他人的意图是什么，以及他们的行为对你有什么影响。是他们主动地否定你的需求，还是你自己多心了？你也许会意识到他们的意图是好的，即便他们的行为对你的影响并不正面。

如果不能有意识地承认那些触发你情绪反应的需求，你就会受制于它们。相反，如果你能诚实地说出自己的需求——你一直期望他人用某种特别的方式对待你，并且一直希望事情会像你预想的那样发展，那么你就可以选择让人们知道你期望从他们那里得到什么，然后要求对方满足你的需求。或者如果你并没有真的感受到损失，你可以深呼吸并放弃这种需求。

> 对需求的识别使我们能够选择自己的反应。

下面列出了最常见的一些情绪触发点，当你感到现在或将来可能不会实现这些社交需求中的某一项时，你就会做出反应。

接纳	尊重	被喜欢
被理解	被需要	被重视
控制权	正确	公平待遇
关注	舒适	自由
和睦	平衡	一致性
秩序	多样化	爱

安全	可预测性	参与权
独立	新挑战	乐趣

帮助客户明确说出需求的第一步是注意到他们的情绪反应和变化，尤其是当他们的语气变得消极时。在解释他们希望发生却没有发生的事情时，他们可能会感到生气或伤心。注意倾听这样的表述："他们答应过我""他们怎么能做出那样的决定""他一窍不通""她又那样做"，"我累了""我讨厌这个地方"。鼓励客户谈论他们的感受。背叛是什么？什么太过无礼？什么令人恼火或难以相信？让客户处理他们的情绪，这会帮助他们理解那些触发其情绪反应的未被满足的需求。

当客户发现了未被满足的需求时，邀请他们做出选择。问他们以下问题：

- "你能说出你的需求吗？"（例如，被倾听、得到一些赏识、参与某个决策。）
- "你能从其他地方得到满足吗？"
- "你能从这次经历中得到学习收获并继续前进吗？"（例如，你想发展或接受什么？什么事情源自你不再需要讲述的一个老故事？你能不能放下一些事情以摆脱困境？）

注意，不要评判客户的需求。这些需求中有些会映射出你自己的需求；另一些则不会。客户的一些需求可能在你看来是毫无价值的，但对他们来说很重要。不要轻视他们需要的东西。

你有很多需求。我也有很多需求。你的所有客户都有很多需求。我们的大脑往往在谋划如何得到我们需要的东西。我们回避、反抗，或者试图在情感上疏远那些不让我们满足需求的人，包括我们的家人。谈论情感和需求会让我们清晰地看到必须解决什么问题才能向前迈进。

人生价值观

你对什么是最重要的东西的坚定信念就是你的价值观。它们是你的背景区域中最稳定的因素。你的价值观指导着你在工作、朋友、人际关系和理想上的选择。只要你的生活与你的价值观保持一致，你通常就是快乐的。

有些价值观比其他价值观更有分量，而且价值观的重要性会随着时间的推移而发生变化。事件和年龄会改变你对最珍视的事物的看法。对我来说，随着年龄的增长，改善健康的活动变得更加重要。因为我没有孩子，而且我的父母已经过世，所以我对家庭的重视变弱了，对友情的重视加强了。目前，我对学习的热情超越了对胜利的渴望，后者在我二三十岁时曾是我前进的动力。在教练谈话中找出价值观可以帮助客户认识到他们的哪些价值观在增强，哪些在变弱。

教练谈话的期望结果应该能反映出客户看重的某个东西，如拥有更多的爱、和睦、冒险、自由、成就、平衡或成功。一旦客户明确说出他们想要的教练结果是什么，你要探讨为什么这个结果对他们是重要的，特别是当前。要想让他们感到满意和快乐，他们想要的结果必须在当前或一个确定的未来与他们的某个人生价值观一致。

下面列出了常见的人生价值观。

成就：成功完成引人注目的任务和项目。

进步：前进，追求更高层次。

冒险：挑战，承担风险，考验极限。

美学：渴望优美的环境，艺术表现。

挑战：考验身体或心理极限。

社区：邻人或同事之间熟悉、友好、互助。

能力：有工作专长、有能力、高效。

创造力：发现新的做事方法、创作、探索。

环境：尊重地球，生活在安全舒适的空间。

公平：尊重每个人的权利。

家庭：照顾和陪伴亲人。

自由：有能力为自己做决定和选择。

友谊：亲密的伙伴关系，长久的支持关系。

健康：保持和增强身体健康。

帮助：照顾他人，帮助他人健康发展。

诚实：真诚、坦率、说话算数。

幽默：有趣、轻松、自然。

独立：自助、自主。

内心和谐：没有内心冲突，感觉身心完整合一。

正直：按照信念行事，言行一致。

智力：学习和探讨专业知识。

亲密：与他人深度的连接。

和睦：人们和团队之间和谐相处。

恒心：坚持到底，完成任务和目标。

个人成长：持续的学习与个人发展。

乐趣：个人满意度、享受、愉悦。

地位：在所属的社会团体中受到高度重视。

权力：有权威或有能力去指挥事情或做出决策。

繁荣：事业兴旺、富足，期望容易得到满足。

宗教：与个人信仰的深度连接。

安全：远离担忧与威胁。

精神：相信神圣的和无形的非人类力量。

稳定：确定、可预测性。

团队协作：与他人合作去实现共同的目标。

传统：尊重过去的做事方式。

胜利：在竞争中胜出、名列前茅。

价值观的不利方面是它的僵化性。如果你认为他人应该拥有与你类似的价值观，你可能无法与持有不同价值观的人建立良好的关系和合作，无论在工作上还是在家里。我经常在教练工作中发现，当客户不能接受他人或组织的价值观时，他们会紧紧抓住自己认为正确的东西，并拒绝看到另一条出路。他们不会妥协。他们只想证明他人的价值观是错误的。作为教练，我所能做的只是回放他们的立场。他们必须自己决定如何处理这个僵局。

分享你对他们行为的观察结果，并探讨这种行为对他们的工作、人际关系、健康和欲求所产生的影响。他们可能会及时做出改变——也可能不会。

阿玛斯（A.H.Almaas）在他的著作《绽放当下》（*The Unfolding*

Now）中说："随着我们越来越适应自己的经历，我们在日益细微的层次理解自我的能力将不断得到发展。"在探讨信念、情绪表现、未满足的需求和价值观冲突时，客户会了解自己并拓展他们的思维框架。随着重要事件的意义的显现，这个过程在人的一生中会发生很多次。

关于大脑入侵的三个提示

客户会提供你教练他们所需的一切。他们的思想一直在头脑中运转。当你用回放式探究阻断这个思维流程时，他们会被迫停下来，跳出思维框架并探讨他们的思想——与困境相关的信念、恐惧、价值观和愿望的冲突及需求。他们会用一种新的方式理解自己的故事。这种大脑入侵为客户提供了他们所需的新视角去生成对处境的不同看法，并看到新的前进之路。下面的一些提示可帮助你打破客户的思维框架，从而使他们愿意并能够运用新的视角去实现期望的结果。

1. **拒绝评判那些塑造了客户故事的信念**。接受客户对困境的解释。让他们讲述整个故事，直到他们开始重复自己说过的话。注意听他们强调的那些词和一些关键词语，如"真正""但是""应该"等。主动回放你听到和注意到的信息以帮助他们压缩故事，提炼出核心要素。用类似这样的方式开始你的陈述："那么，我听你刚才说这件事发生的原因是……"或者"在你描述……时你显得很生气（激动、安静、有戒心等）"。确保你的语气是鼓励的和好奇的。避免将你的意见、评判和分析带入谈话。放下评判会让你建立必要的信任，让客户参与你们的探索。

2. **注意客户的情绪反应和变化**。客户在解释他们希望发生却没有发生的事情时会变得生气或伤心。注意倾听类似这样的陈述："他们答应过我……""我在这样的情况下无法工作""它又发生了""算了，我完蛋了"。鼓励客户讨论他们希望发生却没有发生的事情。是什么让现状变得不舒适或糟糕透顶？一旦找到未被满足的需求，客户可以选择努力满足需求，或者放弃它们。他们可能会决定暂时忍受某个需求得不到满足，只要这能带来更好的未来。

3. 肯定客户的努力和意图，尤其是当它们关系到他们的人生价值观时。 你可以通过真诚地分享来鼓励客户敞开心扉，如"我知道你在尽你所能成为最好的领导""你努力工作是为了给你的孩子创造机会""我敢说你一心想在这个项目上做出最好的成果"。这使你们能够探索有哪些与客户的价值观相关的冲突需要解决，以及哪些后果将难以忍受。如果客户表示他们已经尝试过他们知道并愿意采取的所有行动选择，你可以问："既然你已经尽你所能做了最好的尝试，现在你最有把握做什么？"当客户满怀信心地独立做出选择时，他们就不会再感觉被卡住了。

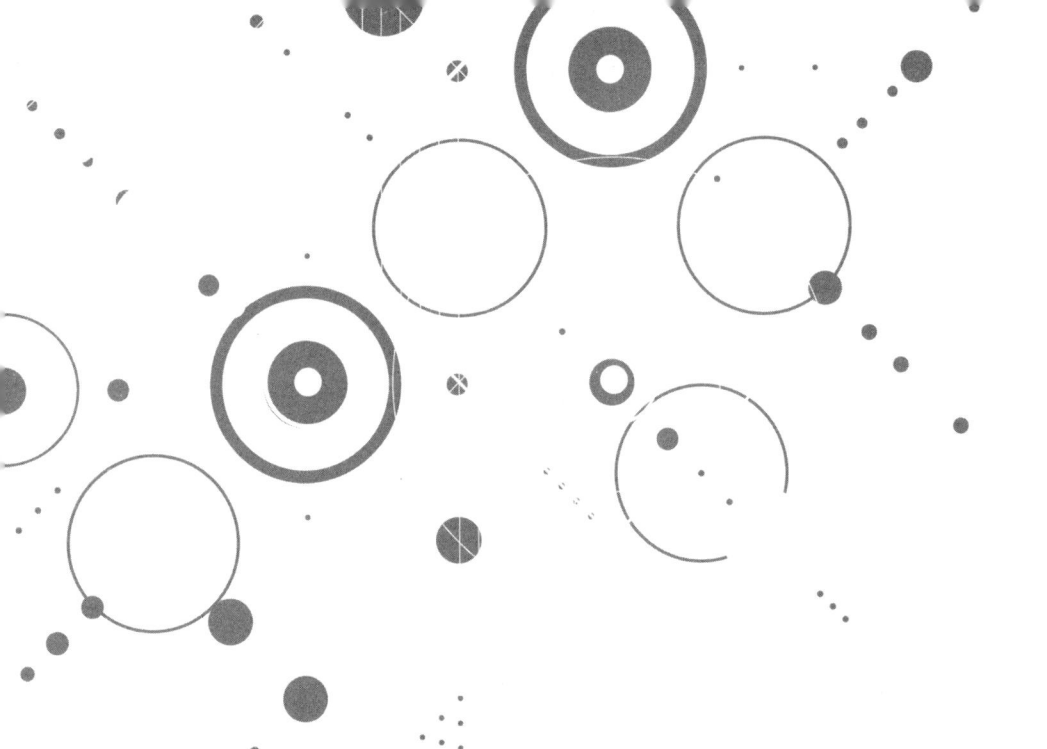

第6章

守住目标：坚持到底

目的地不是指一个地方，而是指一种看待事物的新方式。

——亨利·米勒

无论你在教练过程中想要探索什么，你必须自始至终清楚地知道谈话要去往何处。如果谈话没有一个清晰的期望的结果，即便客户在探讨困境时可能会有所发现，但是他们可能不会运用他们的领悟去获取真正想要的东西。让谈话保持正轨的困难在于，随着你对客户的信念、需求、价值观和困惑展开探讨，他们在谈话初期提出的期望的结果会拓展、变动或彻底改变。这个新的教练目标必须及时得到确认，以保证谈话结束时在这个方向取得进展。一旦客户承诺下一步将采取什么行动去得到他们真正想要的东西，他们就会感到谈话很圆满。

教练工作的书挡

在摆放书籍时，你需要在两端放上结实的书挡以使书籍保持直立。这两块书挡也代表了这排书的起点和终点。你可以在书挡之间轻松地替换、增加或减少书籍。你甚至可以用其他东西来充当书挡，但是你不能把任一书挡移开而不让这排书散架。

> 确立教练工作的书挡——期望的结果和行动的承诺——对于确保客户看清他们的框架并随后采取新的行动是至关重要的。

如果没有期望的结果，客户讲述故事时会东拉西扯并经常陷入重复。在谈话时，客户可能会赋予他们的一段故事新的意义。他们甚至可能对自己在故事中的角色感觉好一些，但是客户在坦诚地说出自己的问题后感受到的轻松和自信是短暂的。当他们回到忙碌、复杂的生活中，很快就会重新被挫败感、愤怒感或无力感所吞噬。他们的故事依然是一个令人沮丧的困境。

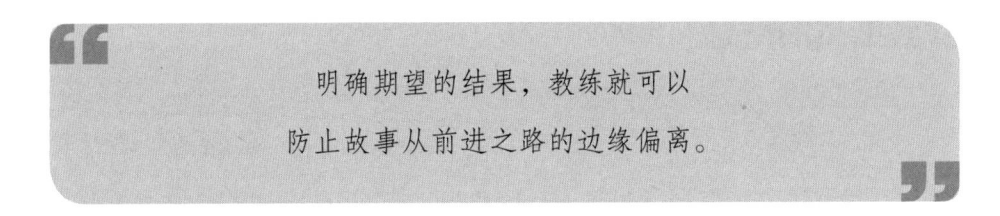

> 明确期望的结果，教练就可以
> 防止故事从前进之路的边缘偏离。

教练创建"结实的书挡"有三个重要的步骤：（1）找到客户想要什么而不是他们现在拥有什么（"你想要什么？"）；（2）跟踪他们在既定目标上的进展情况，并跟踪期望的结果的变化，供客户确认或修正（"你真正想要的是什么？"）；（3）教练客户产生明确的领悟并承诺采取行动以确保他们朝着期望的结果前进（"你现在要做什么？"）（见图5）。

```
你想要什么
   ↓
  你真正想要
  的是什么
     ↓
    你现在要做
    什么
```

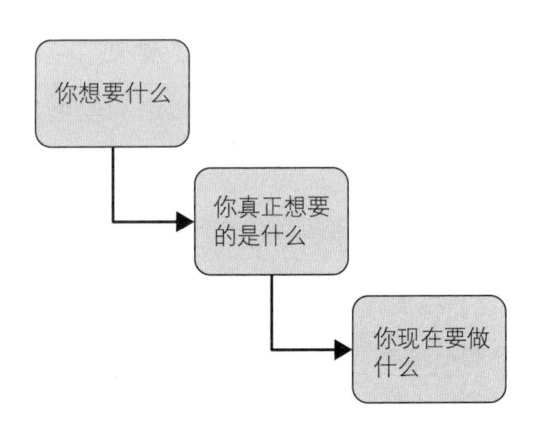

图5　教练创建"结实的书挡"的步骤

本章会帮助你在谈话中澄清和找到最适合客户的期望的结果。有了一个清晰的期望的结果，教练工作就能专注于探讨是什么在阻碍这位聪明的、机智的客户实现这个结果。你还将学到如何跟踪教练谈话，以便在期望的结果发生变化时，你依然能对其保持关注。在第7章你将学到如何结束谈话，以确保客户做出行动承诺。

找到期望的结果

可以将教练谈话与即兴说唱的创作过程进行比较。美国国立耳聋与其他交流障碍研究所的科学家曾用一台fMRI（功能性磁共振成像）仪器扫描了九位职业说唱艺人的大脑。科学家们发现，在一首歌的开头和结尾部分，大脑的各个部位都是活跃的，但是在即兴发挥时，大脑中负责自我监控、评判和编辑的几个部分停止了工作。在这种情况下，研究人员解释说，这些说唱艺人"摆脱了大脑监督和管控的常规约束"，因而他们很容易就能突发奇想。

换句话说，这些说唱艺人在开始说唱时运用了他们认知脑的执行功能去有意识地设定创作意图。一旦他们确定了要去往哪里，他们就关闭了大脑内部的评论和分析功能，从而使更多的活动发生在内脑，内脑是冒出新想法、产生创造力的地方。当他们快要结束演唱时，他们的认知脑重新"上线"，为创作提供一个有意设计的结尾。

和说唱一样，大部分教练工作应该是与客户的自发性互动，以揭示阻碍某一具体结果实现的信念、需求、价值观和恐惧。当教练和客户都知道了谈话的预期目标时，教练就能轻松地处于当下，而不必过多地思考如何找到客户陷入困境的原因。这个互动自由地向前流动，直至双方的交流进入收尾阶段。

第6章
守住目标：坚持到底

尽管让客户展望他们真正想要的结果听起来很容易，但实际上并非如此。故事会触发情感迷雾，遮蔽客户的视野。客户会说"我不知道我想要什么"，或者"那正是我需要做的，去弄清楚我想要什么"。不要急于让他们看清未来。放松并倾听他们的故事。借助回放和好奇心，情感迷雾终将消散。结果可能不会在一次谈话中变得清晰，但是客户可以更好地了解他们需要了解什么才能对自己选择的行动方向感到满意。

期望的结果不是一个问题或过程

你可以用这样的发问开始一次谈话："你今天想探讨什么？"但是不要把这个发问丢在那里。客户往往会迫不及待地开始讲述萦绕在他们脑海中的故事，通常这个故事会引发情绪困扰。为了明确在你们共处时能够改善或实现什么，你要倾听客户谈话中的关键词语和情绪变化。分享你注意到的信息并询问他们希望这个故事如何结束。如果故事呈现出客户或故事中的其他人的一种行为模式，问一问他们下次出现这种状况时，他们希望发生什么改变。

期望的结果的出现往往需要时间。一旦客户找到他们真正想要的期望的结果，而不是别人替他们设想的，他们就更愿意承诺至少迈出一步，以推动他们前进。

案例研究

这位客户是一家大型零售连锁店的人力资源副总裁。她说她感觉自己被彻底压垮了，不知道从哪里开始才好。她请我帮助她厘清各项工作的优先顺序。我的回答是："在过去的三年里你一直保持着优秀的工作表现。在那之前，你是一名毕业于斯坦福大学的成功律师。根据你的成就，我敢说你多年以前就知道如何安排工作的优先顺序。所以，我很好奇，你是想弄清楚如何安排工作的优先顺序，还是想知道是什么让你安排工作的优先顺序变得这么困难？"

在长时间的沉默后，她说她担心自己正在失去动力。她不确定自己每天的打拼是为了什么。她不知道自己职业生涯的下一步是怎样的。

我说："我听到了两个愿望。你是想要明确你目前工作的价值或目标，还是想要探讨你未来的发展方向？"

"啊！"她说，"你刚刚提醒了我，当我三年前接受这份工作时，我有一个目标和一个愿景。我丈夫和我曾梦想共同拥有一家公司。但我们都太忙碌了，我不知道他是否还想做这件事。也许这就是我看不清我的未来的原因，尤其是现在有一大堆琐事挡在我面前。我需要和他谈谈这件事。"我们约好了三天后重新安排谈话，在这三天里，她会找机会和她的丈夫谈话。

当我们再次见面时，她说："我们的梦想还在。你说得对。我不需要你帮助我安排工作的优先顺序。我想我需要在这个岗位上再干几年，再积累些知识和经验，为实现我们的梦想打好基础。考虑到这些，我希望就如何调整我和公司CEO的关系接受一些教练。"于是我们开始展望一个令人满意的、可实现的工作关系看上去是怎样的。

通常，一旦客户说出他们真正想要什么，解决难题的最佳方案就显现出来了。当你对客户的故事进行梳理时，他们可能需要几分钟或半小

时才能准确说出他们期望的结果。然后，即便他们决定了当前需要做什么，他们可能也需要鼓起勇气并获得额外的支持才能采取第一步行动。明确期望的结果会帮助客户看到一条新的前进之路，或者正视他们原本一直知道他们必须做的事。他们无法自行看到这一点，尤其是当他们疲于应对压力时。

大多数教练谈话都始于寻找一个需要解决的问题。有时候客户认为他们能跳出困境，只要他们厘清行动选择并做出决定，或者写出一个清单或计划，以指明下一步的行动。事实上，他们做的这些事都不能定义期望的结果。你需要做出判断：解决问题、做出决定或写出清单/计划会给他们带来什么。如果他们说他们要求的这个过程会帮助他们了解需要采取什么行动，那你就可以着手厘清各种选择和事项以填入他们的清单或计划。然后，在谈话期间，你会对他们追求的愿景有一个更清晰的认识。当你们探讨当前是什么在驱动他们解决问题或做出决定/计划时，你会发现他们的渴望——可能还有恐惧。如果你问他们如果足够勇敢，他们会做什么，或者一年之后他们会因为没做什么而后悔，他们可能会描绘出他们真正想要的结果的某些细节。

有些客户参加教练谈话通常是为了做出某个决定，但是真正的问题是他们已经做了一个决定，却不敢付诸行动。当有人想要辞职、拒绝一项工作或采取一个可能伤害人际关系的行动时，这种情况更加普遍。他们的恐惧中夹杂着内疚。当他们解释自己的行动选择时，他们的情绪很可能会暴露出他们的偏好，尽管他们心存恐惧。承认他们的偏好可以帮助他们确定导致恐惧和内疚的原因，以及这些后果是真实的、假定的还是夸大的。他们想要实现的结果不是做出一个决定，而是活出他们想要的生活的愿景。在认识到哪些后果是真实的之后，教练工作可以帮助他们决定何时及如何采取行动。

有些客户参加教练谈话的目的是让生活更加平衡，因为他们在工作上或家庭中真切地感到缺乏成就感、不被欣赏或压力过大。如果你接受他们最初的平衡目标作为期望的结果，你会聚焦于时间管理或任务管理。相反，如果你深入挖掘，找到真正令他们丧失能量的原因，不仅谈话的推进会更有意义，而且对未来的希望会使他们更容易接受目前的处境。

人们常常不确定自己想要什么，或者他们不敢把它大声说出来。你的工作是帮助他们确定他们想要什么。一旦他们真正的愿望被明确地表达出来，他们就更容易确定和承诺必须采取的行动。

案例研究

这位客户说她的目标是和她的项目团队中的两位领导成员合作制订一个所有人一致同意的可靠的行动计划。在梳理了那些她希望包含在计划中的行动之后，我说："看起来你已经有了很不错的行动选择提供给这两位领导成员。你希望他们如何处理你提出的建议？"

"我只希望他们能协调行动，就某件事达成一致意见。这两个人对于我们需要做什么的意见截然相反，可是谁也不让步。时间已经不多了。大家的工作都快保不住了。我怎样才能让他们看清形势呢？"

她的焦虑情绪表现得很明显。我问道："你对这个项目的结果负有多大的责任？"

"我也可能丢掉工作，但是他们不是我的下属，所以我无法指挥他们

第6章　守住目标：坚持到底

做任何事。要是他们不理会我怎么办？"

"我看到了由于制订计划的紧迫性，你对他们之间的矛盾有多么懊恼。你是不是担心无论你提出什么建议都无济于事？"

"是的，不过既然我不是他们的上司，我实际上无法划出一条界限，对吗？"

"我不知道，你能这样做吗？如果你这样做了，最坏的结果会是什么？"

"他们不理会我，结果就是现状不会有任何改变。"

"如果你不这样做，会发生什么？"

"我现在必须做点什么，否则我们所有人都会失业。"

"那么，我听到你的目标是迎头直上，为现在的局面划出界限。我对这句话的理解是你想要标出底线，说明现在需要做什么，以及为什么要这么做。对吗？"

"不错。我只需要把它说出来。现在需要做什么，以及为什么要这么做。响亮地、坚定地说出来，让他们听到我的话。"她的决心比我们刚开始谈话时坚定多了。谈话转向这个新确定的期望的结果，即自信地说明底线并说服领导成员至少同意商讨出一个计划。然后她会提出自己的建议。

当你倾听客户的故事和他对问题的说明时，注意倾听以下几个要点。

- 这个人希望发生什么，即便他不愿意把它说出来？总结、改述和概括对方的认识和感受。问他什么是他想做而未做的事情。如果他一再退回去讲述问题的细节，那就根据他讲述的故事，运用底线法回放你认为他想要实现的结果，并请他确认。接受他的回答。

- **这个人感觉什么是最重要的？** 注意倾听对方的情绪变化，它可能揭示了未被满足的需求。客户甚至会说"我真正想要的……"或"为什么他们不能这样做……"

- **是什么使这个人感到沮丧、内疚、担心或尴尬？** 当客户使用"但是"这个词时，请探讨在"但是"之后他所说的后果的真实性。"但是"后面的话通常会描述一个人的恐惧或对其必须忍受的状况的限制性看法。对此进行探讨能够使对方找到一个有成就感的目标，即便实现这个目标的过程会导致对方不舒适。

如果你向客户分享你听到的信息和注意到的情绪，你就能更好地探索客户在陈述他想要的取代现状的结果时存在的困难。然后你可以教练他意识到他希望故事如何结束。

话题和期望的结果

客户也许只有一个要讨论的话题，如如何改善他们的领导能力，如何应付他们对改变的反感，或者如何与同事建立良好的关系。教练工作不是非要围绕解决问题展开。你可以聚焦于个人成长或职业发展。

你仍然可以通过发问来教练客户至少了解谈话的初步结果。例如，"当我们探讨这个话题时你会发现更容易做什么？""现在是什么促使你谈论这个话题？""如果你这么做了，你将如何知道你取得了进步？"引导他们去描述一个他们希望改善的状况，或者确定一个衡量成功的标准，以便教练工作能为他们带来个人成长或职业发展上的进步。

如果客户不愿意指定一个期望的结果，那就让他们描述一下他们与话题相关的现状，以便你能够从中找到他们可能愿意选择的方向，如拥有一份更充实的工作、更好地照顾自己，或者行动时有更大的信心。然后你可以邀请他们描述一下这些愿景看上去是什么样子的，从而开始看到一个目标。

案例研究

在我观察的一次教练谈话中，客户说她想谈谈人们如何知道他们正在选择做自己热爱的事情。教练问是什么促使她想要谈论"热爱"这个话题。客户说她的习惯模式是朝着梦想的目标努力，但是一旦她担心自己会失败，她就会改变方向。她举了几个例子。她曾经学习跳舞，当她不相信自己有能力在舞台上取得成功时，她便转去学习舞台制作了。后来她又学习新闻工作，当她怀疑自己的写作技能时，她便转去学习网页设计。现在她感兴趣的是学习室内设计以配合丈夫的工作，他是一家房屋改造公司的老板。当教练问她是否热爱室内设计时，她回答道："我不确定成为一名设计师是不是我的热爱，尽管我现在喜欢学习这门业务。但是如果我不坚持下去的话，我怎么会知道我是否热爱某个工作呢？"

于是教练问："你是愿意聚焦于如何知道你是否热爱你做出的某个选择，还是想要探讨如何增强信心去坚持你的目标？"客户选择探讨她怎样才能在产生疑虑时依然有信心坚持下去。教练继续探究，问她坚持一项事业会让她获得什么。于是客户描述了在某一方面取得成功会有怎样的感觉，以及这为什么对她很重要。教练工作开始围绕这个目标向前推进。

有时候你可以让客户想象和话题相关的最佳情况。你可以这样发问："在你看来，强大的领导能力是什么样子的？""在其他人欣然接受改变时，他们有哪些与你不同的行为？""假如你在工作中有良好的人际关系，那会是什么样子的？"当你就他们前进所需的行动对他们进行教练时，期望的结果很可能会发生变化，但是在谈话刚开始时有一个可见的目标总是好的。

> 对期望的结果的清晰表述是从犹豫走向进步的通道。

如果一个可实现的目标没有被明确地界定，客户往往无法摆脱困惑和沮丧，而教练也会感觉自己辜负了客户的期望。明确目标是教练工作中最强有力的一个环节。

跟踪期望的结果的进展和变化

深入探索一个人真正想要解决或实现什么的过程常常被称为"剥洋葱"。随着你一层层地剥去旧信念，一点点地凿破保护客户脆弱内心的盔甲，一个新变化或新的期望的结果就会显露出来。然后，要么对期望的结果的设想发生了改变，要么拓展了对新细节的关注。

不管期望的结果是微妙地变化还是彻底地改变，你都需要注意到这些变化，然后弄清楚客户是否愿意改变谈话的方向。客户可能会选择回到原来的期望的结果。你的工作是确保谈话自始至终朝着客户期望的方向前进，这样你就不会让客户分心。

期望的结果的变化可能发生在以下几个方面。

- 期望的结果的方向发生变化（从解决外部问题转向澄清需要解决的个人困境）。
- 期望的结果与个人的关系发生变化（保持期望的结果不变，但是在描绘期望的结果实现后的成功图像时，以不同的方式设想自己）。
- 实现期望的结果的节奏发生变化（选择立即做出改变，或者制订长期计划去实现一个未来目标）。

客户可能会选择彻底改变他们期望的结果。我经常看到这种情况发生：客户说他们想要设法改变家庭或工作中的一个不良状况，然后，在探讨他们的挫折时，他们会脱口说出自己真正的愿望是做另一件事。他们已经失去了改善处境的动力。他们已经决定要做出改变，但是还没有为采取行动做好准备。在回放客户表达的意愿和情绪之后，教练仍然会邀请客户选择当前想要努力去实现的期望的结果。客户可能会选择考虑一个不同的愿景，或者暂时坚持最初确定的期望的结果。

确定期望的结果的横向教练和纵向教练

横向教练是指你把客户最初的期望的结果作为谈话的目标。你可能会提出问题去探讨客户的措辞的含义，或者探究期望的结果的重要性。在客户做出回答时，你也许会提出一些跟进的问题（见图6）。

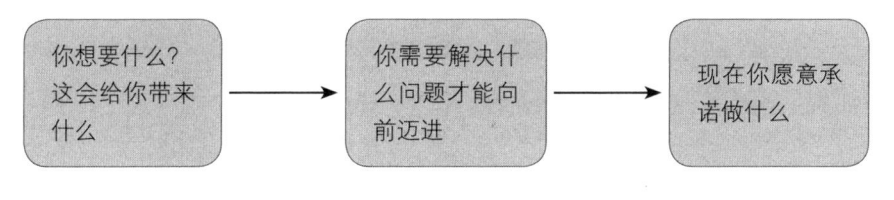

| 你想要什么？这会给你带来什么 | → | 你需要解决什么问题才能向前迈进 | → | 现在你愿意承诺做什么 |

图6　横向教练

横向教练的目的是制订行动计划。这种计划往往是通用的。假如客户花时间思考他们想要创建什么，他们很可能不用教练支持也能制订这些计划。他们借助教练支持去厘清思路，这是管用的，但是那些使他们难以独自做出计划的理由很可能会在将来再次出现。

纵向教练可以拓展客户的觉察。随着教练工作逐步揭示出客户对更多个人目标或勇敢行动的渴望，期望的结果往往会发生变化。教练带来的是身份层面的改变，而不仅仅是寻找新的途径去解决问题。换句话说，你在教练人，而非问题。

尽管纵向教练同样始于客户所说的他们想从教练谈话中得到什么结果，以及为什么这对他们是重要的，但它很快就会开始回放你从客户的困境描述中所听到的各种信念——它们阻碍着期望的结果的实现（见图7）。探讨信念可能会让你进一步发现客户对社交需求未被满足的恐惧或潜在的价值观冲突。在探讨过程中，信念或期望的结果会发生改变。

期望的结果	
你想要什么	这会给你带来什么

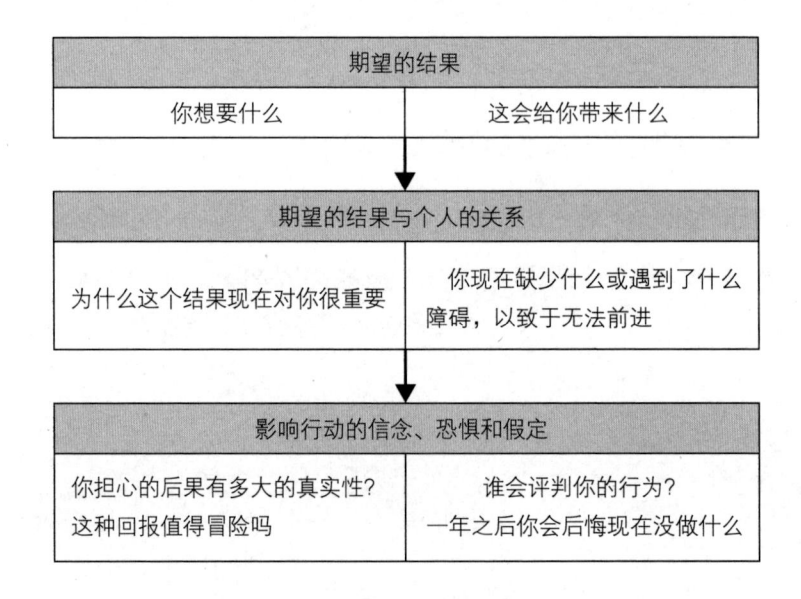

期望的结果与个人的关系	
为什么这个结果现在对你很重要	你现在缺少什么或遇到了什么障碍，以致于无法前进

影响行动的信念、恐惧和假定	
你担心的后果有多大的真实性？这种回报值得冒险吗	谁会评判你的行为？一年之后你会后悔现在没做什么

图7 纵向教练——发问示例

有时候客户只是需要一个安全的空间去横向地讨论各种选择，但是如果他们难以做出决定或找到解决方案，和聚焦于解决问题的横向教练相比，基于觉察的纵向教练能够更有效地消除前进的障碍。

例如，如果你教练领导者，你就不可避免地会有一次谈话聚焦于领导者如何处理艰难的对话。你可以询问成功的对话是什么样子的。领导者会描述一个正向的交流场景。横向教练会探讨什么情况可能使对话偏离目标，以及领导者将如何应对这些干扰。我进行过多次这样的谈话。领导者可能会仍然推迟对话。或者领导者可能会汇报一个不满意的结果：他们要么做出了让步，没有让对方承诺责任；要么过于强硬，告诉对方该做什么而没有其他交流。领导者往往以组织优先和上级期望为由说明自己不得不下达命令。

如果你要教练领导者深入探讨他们认为是什么使冲突难以处理，他们也许会说自己对应付可能出现的情绪心存恐惧。对此，教练工作的期望的结果将转向在情绪出现时让领导者保持平静。然后，当你探讨是什么扰乱了他们的平静时，他们可能会流露出对出错或被评判的恐惧。经过进一步的探讨，你将发掘出一条信念，如"仅仅是不得不进行这种艰难的对话就意味着我是一个失败的领导"。认识到这一信念会使谈话的期望的结果转向对方对优秀领导能力的定义。

在谈到领导力时，布琳·布朗（Brené Brown）说，大多数人接受的教育都认为脆弱是一个弱点。"它是令人难以忍受的，也是令人尴尬的。此外，我们不想暴露脆弱是因为我们觉得如果我们坦露内心，我们将受到伤害，我们将失败，我们将成为一个令人失望的人。"不管是领导者还是其他人，都需要借助纵向教练揭示出他们为什么回避艰难的对话。你可以问："假如你有勇气，你会做什么？"期望的结果很可能会再次改变。

是什么在阻碍客户前进

托尼·拉蒂默（Tony Latimer）是我在新加坡的同行，也是一名优秀的领导力教练。他说他的教练模型是找到客户想要什么，然后教练他们找出阻碍他们得到想要的东西的因素。他们往往无法看到或不愿承认是什么在阻碍他们前进。一旦前进的障碍显露出来，客户就能更好地选择他们想要采取的下一步行动。

我在托尼的模型中增加了几个层次，把期望的结果的变化包括在内。每次期望的结果发生改变，你都需要重新探讨"是什么在阻碍我们前进"（见图8）。

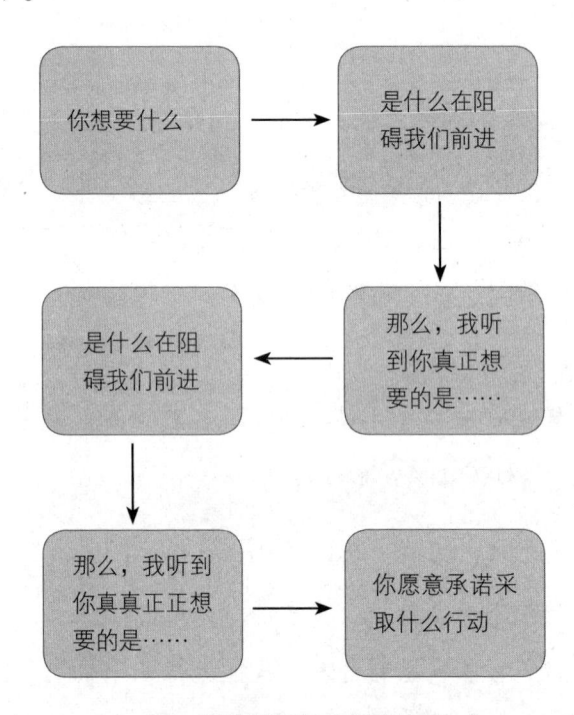

```
你想要什么  →  是什么在阻碍我们前进
                      ↓
是什么在阻  ←  那么，我听到你真正想
碍我们前进     要的是……
     ↓
那么，我听到   →  你愿意承诺采
你真真正正想     取什么行动
要的是……
```

图8　发现真正的期望的结果

探讨是什么在阻碍你教练的这些有智慧、有创造力的人，这意味着你要对那些支撑他们故事的信念、社交需求和价值观感到好奇。就从回放你听到的那些决定他们故事的信念及你注意到的情绪变化开始。然后，

如果他们当前不愿意承诺行动，你可以进入他们的背景区域，以了解他们害怕失去或得不到什么。

你的回放和发问可能会揭露出正在产生影响的社交需求。例如，一位领导者可能会说她担心因为她做出的一个决定而失去他人的尊重和信任。你甚至可能会发现一种价值观冲突：领导者觉得一个简单的问题解决方法会影响她的诚信（"那不是真正的我"）。然而，她担心如果她去做她真正想做的事，她会被视为软弱的人或缺乏大局观。

案例研究

一位客户聘请我帮助她在周围全是男性的工程部门获得升职机会。她工作表现优秀，而且她和同事们建立了良好的个人关系。

她最大的挑战是改变她在团队会议上的行为。她说每当讨论解决问题的方案时，她总是先犹豫一番，然后不耐烦地说出别人的想法有什么问题，接着再说出她会怎么做。她知道在提出她的想法供大家考虑之前她需要问更多的问题，因此她最初的期望的结果是明确的。

在接下来的一次教练谈话上，她说她未能成功地改变自己的行动。我们深入挖掘了那些阻碍她的信念。她说："我想确保我提出的想法有道理。可是他们开始没完没了地争辩和讨论，我因为找不到发言机会而变得懊恼。所以我只好强行插话。我能看得出他们把我看作一个蛮横的女人。接着我冲他们大喊大叫，而他们又把我看作一个暴躁的女人。"我问她她怎么知道同事们以这种方式看待她。她说她从未问过他们的看法。她说在会议之外她和他们的关系不错，她可以单独去问他们。

我请她谈谈她想怎样出席会议，不仅要考虑她想说的话，还要想象她的仪态。在思考之后，她说："我想成为一名有感召力的领导者，而不只是一个出点子的人。"我问这是不是她想努力实现的目标。在她表示认同后，我们深入探讨了导致她在会议上犹豫和愤怒的原因。她最后说，她想找到一种有力而不强硬的发言方式。然后，当她吸引了大家的注意时，她会用一幅图像说明她的想法能让大家一起实现什么成果。她想谈谈大家怎样才能承担风险并互相支持以获得成长。我称赞她进入了领导者角色，然后请她设想一下可能发生的最好情形。接下来，她列出了她将在下次会议上采取的行动。

有些客户可能不相信他们能实现自己期望的结果。我曾有一位客户想要为一次艰难的对话做准备，对方是他的一名女下属。在开始做计划时，他说："这不会管用。她不会改变的。"

我问道："如果你说的是真的，你需要做什么？"

他说他认为自己能够设法应付这个局面，但是他非常希望能帮她找到一个她可能更喜欢的工作。对话仍然会是艰难的，不过他期望的结果发生了变化。

在明确提出期望的结果后，请检查那些关于当前能实现什么的信念。客户可能会承认自己的期望不合理，这将改变他们期望的结果。如果他们不知道他们的愿望是否能够实现，他们可能会承诺去调查切实地实现他们的目标需要哪些条件。关于这个调查的设想就成了期望的结果。

即使期望的结果发生变化也要把它牢记在心

在教练过程中，你需要时刻牢记的一个问题是"我们正在去往何处"。如果期望的结果已经明确，但谈话进入了更深的层次，问一问客户这个期望的结果是否依然有效。随着客户的观点发生变化，问一问什么变得更清晰了，或者客户现在认识到了什么。如果你注意到谈话在朝着一个新方向推进，那就说出来。让客户选择更好地澄清期望的结果或改变其图像。

案例研究

这位客户一开始说，在一场由全是男性的董事级别的领导和三位副总裁组成的领导班子会议上，他的一位同僚拿一名同性恋员工开玩笑。客户说：“我发表意见说，考虑到所有的多元化问题，这样的谈话是不可接受的。”一位副总裁表示同意。他们继续会议议程。会议结束后，这位副总裁提议在那周他们再找个时间一起吃午餐。客户想利用这次教练谈话来讨论即将到来的午餐会面。

教练问道：“你希望这次会面带来什么结果？”

"我不希望它和多元化有关。但是也许应该有关。提出这个问题是我的工作职责吗？我想没有人知道我是同性恋，可是那又有什么关系呢？难道他们不应该同样关心多元化吗？我真正想和这位副总裁谈的是我在公司的领导能力。我想知道他对我的看法，也许我还需要在哪些方面发展自己。"

"你似乎有两个谈话焦点。参与公司的多元化努力和探讨你的领导才能。"

客户说，除非副总裁提出要讨论多元化，他不想因为被同僚看作"多元化警察"而与他们产生隔阂。即使这个话题真的在谈话中出现了，他主要还是想和副总裁谈谈他的领导能力。他想建立良好的关系。

通过教练的发问，客户明确了他和副总裁的谈话目标。但是随后教练谈话又回到了关于多元化的对话，以及它怎样使他感到不舒服。教练问客户是否想改变谈话的焦点去看看他怎样才能对谈论多元化感到自在。客户说他愿意探讨如何成为一名自信的多元化倡导者，但是首先要确保他不被看作一个多元化的狂热分子。因此，教练谈话的期望的结果改为客户怎样才能成功地倡导多元化而不被看作狂热分子。

在探讨了倡导者和狂热分子的区别之后，教练问这对客户在工作上的行为意味着什么。客户说他现在感到有信心处理好他在公司推动多元化的角色，所以他想继续讨论他和副总裁的谈话。于是，他们确认把期望的结果转为如何与副总裁进行一次成功的谈话。

在探讨他的恐惧时，客户开始谈起他对如何成为优秀领导者的看法。他说他想勇敢地坦露真实的自己，即便在谈论像多元化和包容性这样的棘手话题时。他说他知道自己有可能成为众人嘲笑的对象，但是他现在意识到正直的行为比留给副总裁一个好印象更重要。

教练接着问客户，他最重要的期望的结果是不是展望他想成为怎样的领导者。客户说："不错，我希望在每次谈话中都做那样的领导者。倡议不是重点；领导力才是重点。"教练对客户的新觉察和决心表示赞赏。他们用剩余的时间去澄清客户对领导力的定义，它看上去是什么样子的，以及他怎样才能在他任职的任何公司都成为这样的领导者。

邀请和再邀请

有时候客户在感情上过于依恋他们的故事，以至于他们只是用多种方式一再重述问题而不是去说明他们想要什么。即使他们开始设想期望的结果会是什么样子，他们也总是返回去描述过去的困难。

为了避免在谈话中后退，要坚定地说明这一点：如果不能找到一个正向的期望的结果作为前进的方向，他们就无法取得进步。你可能需要多次询问客户想要实现什么结果。或者你可以选出他们的一个问题并邀请他们描述问题得到解决时的情景。如果他们愿意尝试，你可以问："这是你想在我们的教练谈话中探讨的结果吗？还是说你有更重要的事情要处理？"同样，你可能需要多次发出这个邀请。

案例研究

一位客户由于健康原因一年没有工作，现在她期望找到一份新工作。她说她的医生同意她找一份全职工作，她想要利用教练支持制订一个自我关爱计划。

在得知她已经有了一个计划时，教练问她是否愿意考虑一下如何在开始新工作时顺利实施她的计划。她表示同意，但是又承认她通常的模式是一开始干劲十足，直到因为担心自己不称职而过度工作。然后她又生自己的气，精神上的压力越发地重。教练问客户是想继续朝着坚持自我关爱计划的方向推进，还是要探讨如何培养她的工作信心，这样她就不会觉得自己需要过度工作。客户选择探讨培养自己的工作信心，她说她想在工作中感到"高大强壮"。

在探讨她对不称职的感受时，客户又退回去描述她的伤病史。教练与客户重新确认了她当前的身体状况可以让她参加工作，然后问她是想要在信心方面还是健康方面探讨"高大强壮"。客户说在失去信心时她会过度工作并伤害自己的健康，结果越发地灰心丧气。她想继续探讨如何培养自己的工作信心。但是，当客户谈到她对不称职的忧虑时，她再次说起了她的身体承受力。

教练问道："你的身体也许无法承受那种工作，这个可能性有多大？"

客户说："我不知道，我只是有些担心。"

教练说："你说得那么坚决。你有些担心，这是真正的困境吗？"

客户笑了："是的，我自己想的太多了。这都是我的错。"

"那么，你的愿景依然是在工作中保持高大强壮吗？"

"不错，我相信我能做到。"

"你已经从坚持自我关爱计划转向了培养和保持你的工作信心，不过你现在发现你的成功受到你的忧虑的影响。是这样吗？"

"是的，我编造的故事最终成了现实。我使自己因为忧虑而生病。"

"非常棒的一个领悟！你想怎样应对你的忧虑？"

谈话由此转向了处理她的习惯性忧虑，而谈话期望的结果依然是在工作中保持高大强壮。最后，客户说她对找工作的计划感到满意，她相信她能够带着信心和关爱轻松地重返职场。

教练工作一般是支持性的和鼓励性的，但也可能是不舒适的和令人尴尬的——当你不得不引导客户站在当下展望未来时。有一次，在一场教练演示结束后，一位观众问那位客户，她是否对我在教练过程中一再和她调整期望的结果感到厌烦。她回答道："不错，那是很令人厌烦的。但那也正是我所需要的。"你的教练目的不是使客户感觉更好。你的工作是帮助他们看得更清楚——拥有清晰的思维和信心。

关于保持谈话不偏离方向的三个提示

教练谈话需要有一个目标，以免使其成为一场只关注问题的谈话。客户可能会在谈话中厘清他们的思想，如果教练帮助他们明确地找到他们想要实现的结果以改变他们的现状，最终的决定将有更深远的意义。因为问题可能有多个层面，所以期望的结果经常在谈话过程中发生变化。请利用以下提示去提高你在教练工作中坚守目标的能力。

1. 当客户列出若干问题时，概括你听到的内容并邀请他们选择他们想要首先实现的结果。 运用他们的措辞去提出这个邀请。例如，"你是想让你的老板改变对待你的方式，还是想重新定义你的工作，从而让你每天上班更有动力？"减少选项以使客户朝着一个期望的结果努力，这既能给客户一个清晰的目标，又能确定他们的最大愿望。如果客户不愿选定一个期望的结果，那就让他们描述一下他们当前觉得与话题相关的情况。然后邀请他们描绘一幅愿景，呈现出可能出现的更好的图像。

2. 发现期望的结果的变化并运用客户的措辞把它回放给客户。 在客户检查他们的信念、假定、恐惧和深层愿望时，你可能会发现他们想要的最终结果发生了变化。如果教练工作从解决一个外部问题转向解决使这个问题加剧的一个内部问题，这种变化可能是重大的。或许这种变化是在客户对处境有了更清晰的认识后做出的方向或优先顺序上的微小变动。分享你注意到的谈话焦点的变化并询问这和原来期望的结果有怎样的关联。如果客户确定他想要的东西已经发生了变化，那就请他重新描述新的期望的结果，以确保你们双方对图像和意义理解一致。

3. 注意倾听一再重复的词语和那些引发愤怒、辩解或指责的情绪触发点。分享你听到和注意到的信息。一再重复的词语，如"控制""不听""太过分"等，都是用来确定客户真正想要什么的线索。问一问这些词语和他们提出的期望的结果有怎样的关联。例如，客户可能会担心如果不解决这个问题她会失去或得不到什么，如尊重、信誉、安全、好感等。她是否需要改变期望的图像，把满足自己的需求纳入其中？你也可能会发现客户存在价值观冲突，在这种情况下，客户觉得她想要的东西不是其他人认为她应该要的——如果她去做她真正想做的事情，她会辜负或伤害其他人。当客户的观点因为新的认识而改变时，问一问什么变得更清晰了，或者她现在明白了什么。然后问她是否愿意根据她的新觉察完善期望的结果。设想、完善和重新确定期望的结果有助于让谈话向前推进，而不是在原地打转。

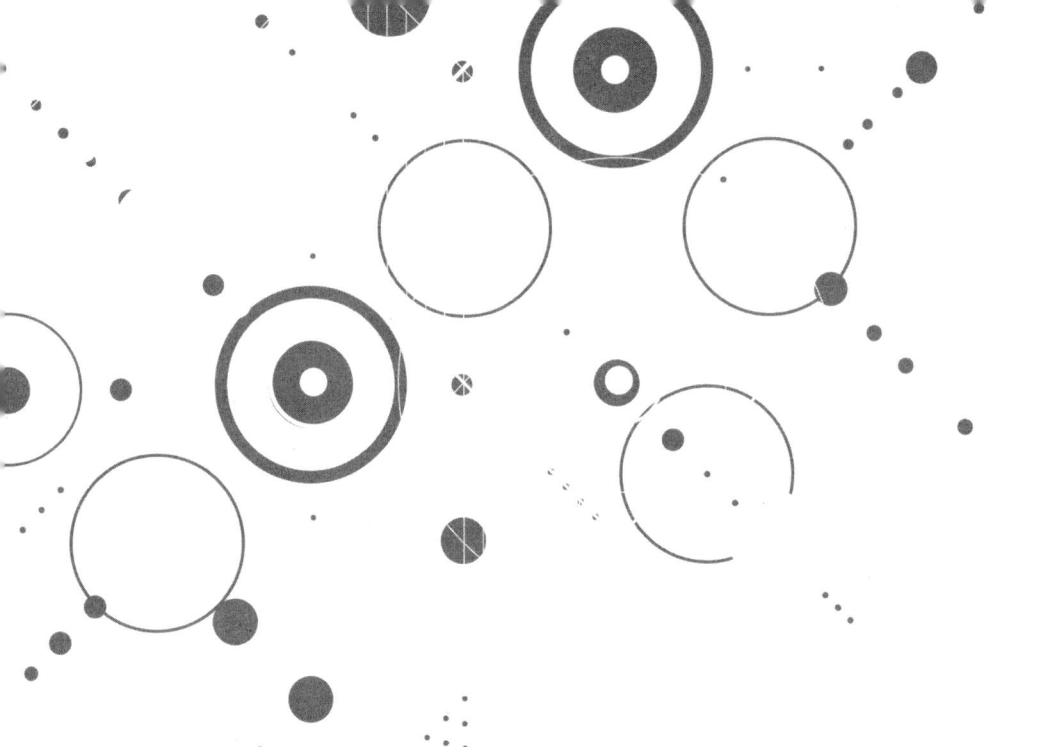

第7章

创新与展望：教练领悟和承诺

在做出承诺之前，人们会犹豫甚至退缩，总是难有成效。

——威廉·穆瑞

教练常有的一个遗憾是他们意识到自己没有抓住机会去确认客户能明确和承诺一项行动，即便这项行动只是花些时间去反思。这个错过的机会不是出现在客户做出决定之后。这个疏忽发生在教练没有对客户表现出的一个浅笑、倒吸气或震惊的表情展开询问，而这些表情暗示着客户发现了一个以前没有想到的真相或答案。

举个例子：客户对自己或自己的处境有了强有力的新觉察。教练对客户观点的转变感到满意——如此满意以至于教练忘记去核实客户观点的转变是清晰的并利用新觉察生成了行动承诺。

这种失误之所以经常出现，是因为领悟的形成引发了强烈的情绪变化。当新的意义展现在眼前时，客户可能会感到尴尬、伤心或不安。如果教练为客户提供一个安全的空间来处理情绪反应，他们通常会由抗拒变为接受，不舒感会慢慢消退。之后，他们常常会长舒一口气。教练和客户都有一种解脱的感觉，客户终于可以自由前进了。

这种解脱感让人觉得就像走到了旅途的终点但事实并非如此。这就像你购买一套房子，你的出价被接受了。你为此庆祝。然后，为了住进这套房子，你还需要采取行动。

> 当客户产生一个新领悟时，他们觉得好像打开了一扇门，打开了一个新的视角。但他们还未通过这扇门。

第7章
创新与展望：教练领悟和承诺

教练可能会问客户，既然他们对处境有了新的看法，他们是否知道自己想做什么。这还不够。客户也许会说："我十分清楚现在该做什么，谢谢你。"他们认为可以圆满结束了。教练会问客户是否还有其他要谈的事情，客户则愉快地说没有了。

如果没有一个用语言表达的行动承诺来正式结束教练谈话，客户就可能在谈话结束后忘掉他们自认为知道要做的事情。他们甚至有可能忘记他们得到的领悟。他们可能记得自己弄清楚了需要解决的问题，甚至已经明确说出了几个行动步骤，但是如果没有对可能阻碍他们实施计划的因素进行探讨，很多情况会阻挡他们前进。

第6章提出了为你的教练工作提供书挡，开始端的书挡是明确教练谈话期望的结果。一排书籍必须有两端书挡的支撑才能保持直立。结束端的书挡——对下一步行动的承诺，可以确保客户明确他们的领悟和将要采取的朝着期望的结果前进的行动。

让客户明确说出自己的领悟和学习收获

在客户开始行动之前，要求他们明确说出自己的领悟或学习收获以强化新视角，这是很重要的。然后你就能在谈话结束前让他们承诺运用自己的学习收获。

很多教练工作都是引导客户看到他们所抵制或忽视的东西。客户在向你讲述他们的故事时，就像重述一出戏的场景。他们不会注意到场景中的所有细节。他们赋予故事的意义决定了他们看待这出戏中道具和演员的方式。

大脑是一个生产意义的机器。它提取过去的经历、旧的信念、持续的恐惧和当下的假定去迅速解释感官接收的信息。教练工作旨在检查客户赋予情境的意义，以确定还有哪些可能的解释会改变他们的前进方式。设想你正走在大街上。你注意到前面的人行道上有一个棕色的物体。你马上断定那是一块石头。当你走近时，你发现它实际上是一个纸袋。当你走到这个纸袋跟前时，一只松鼠突然跳起来跑开了。你吓了一跳，马上又为这一发现笑了起来。

当你的教练工作使那些被忽视或回避的东西显露出来时，突如其来的真相可能令人惊讶，而且往往令人羞愧。当隐藏的东西被揭露出来时，这种顿悟会触发客户的情绪反应。这种反应可能是愉快的笑声，也可能是悲伤的沉默和内疚。这种情绪可能带来泪水或愤怒。客户也许会突然转移视线。他们的眼神可能会变得呆滞，也可能会一下子顿住。

不管这种变化有多么强烈，都不要表现出同情或试图缓解客户的这种感受。他们会恢复呼吸的。保持沉默，让他们充分体验这个时刻。调节你自己的呼吸，耐心地、安静地坐着，持续的时间大约是你平时所能忍受的两倍。

尽管你会给客户空间去处理他们的情绪反应，但你不应让这个强有力的时刻溜走。他们可能会主动开始说话。不管他们开口说话还是继续默不作声，一定要问他们："你是否愿意与我分享一下刚才发生了什么？你现在看到了什么？"客户的话匣子也许立即就打开了。他们可能需要详细谈谈自己的领悟。口头加工各种细节能够帮助新信念的形成。正如罗宾·沃尔·基默勒（Robin Wall Kimmerer）所说："找到表达的话语是学会去看的另一步。"要给客户足够的空间去理解新的发现。

找到词语来描述新的发现就像看到一块拼图在整个图画中的正确位

置。明确表达学习收获和领悟会为它们在故事中找到一个稳固的位置。客户和教练也就有了可以利用的共识。

案例研究

一位客户说她想弄清楚：如果她有勇气只做她渴望做的事，她的工作会是什么样子。她说她对失败的恐惧使她变得渺小。教练与她在多个方向进行了探讨。首先，教练请她描述一下"渺小"是什么意思。接着，教练请她说明她渴望做什么，以便他们能确定一个谈话目标。然后，教练问她是什么在浪费她的时间。客户欣然回答了这些问题，但期间她一直把手臂紧贴在身体上。

教练说："这不是你第一次谈这个话题。你知道冒更大的风险是什么样子和感受。你知道你现在的状况，所以你能确定这个差距。我想知道的是，你在隐瞒什么？"

客户带着一丝恼怒说："我只是不想那么辛苦地工作！"

教练说："明白了。"

客户靠在椅子上。她的整个身体都放松了。

教练说："我们要从头再来吗？"

"我不确定我能创造一幅新的未来图像，"客户说，"我一直在说要尝试更大的冒险，而我已经说了很长时间了。"

"让我们从这里开始，大声说出你终于让自己看到了什么，好吗？你是否愿意告诉我你刚才看清了什么？"

稍作思考后，客户说："我想要对我的工作做一些改变，我知道我能够比现在做更多的事情，但是我不想让我的工作耗尽我的生命。"

于是教练请客户列出她对当前的工作最满意的地方，以便她能够着手拼出一幅她愿意努力实现的未来图像。

伴随着新觉察的改变可能是微小的，如客户欣然接受他们故事中假定的谬误；也可能是重大的，这往往发生在客户探讨社交需求和价值观的影响时。这种觉察可能会改变他们的思维框架。如果领悟的结果加强或拓展了他们与困境相关的自我认识（身份），或者他们对周围事物的认识（现实）有了彻底的改变，突破就发生了。所有这些领悟只有明确地说出来，才能最终引发框架的改变。

要注意有时候领悟暗示着教练谈话出现了一个可能实现的新目标。例如，"我不想那么辛苦地工作""我一直在回避这种风险""我很难放弃我原本认为正确的方式"，甚至"我真是太蠢了"这类陈述，都可能指向一个新的期望的结果。邀请客户选择教练谈话的方向。他们现在为思考行动计划做好准备了吗？他们是否想根据他们分享的领悟重新确定想要实现的目标？如果他们说现在很清楚想做什么，问一问他们的行动会怎样帮助他们实现之前确定的目标。如果他们说想制订一个计划但需要解决另外的某个问题，问一问他们是希望现在处理这个新问题还是等到下次谈话。朝着哪个期望的结果推进，都是由客户选择的。

将领悟转化为承诺

那么，你如何知道什么时候结束谈话，让客户承诺采取行动呢？这个时机可能是客户找到了一个可接受的解决方案，用于消除他们实现期望的结果的障碍，也可能是他们发现了真正想要的结果，而且有了清晰的行动步骤。如果他们有一个重大的领悟或突破，一旦它被明确说出，你应该马上探讨他们是否准备根据这个新觉察做出行动承诺（见图9）。

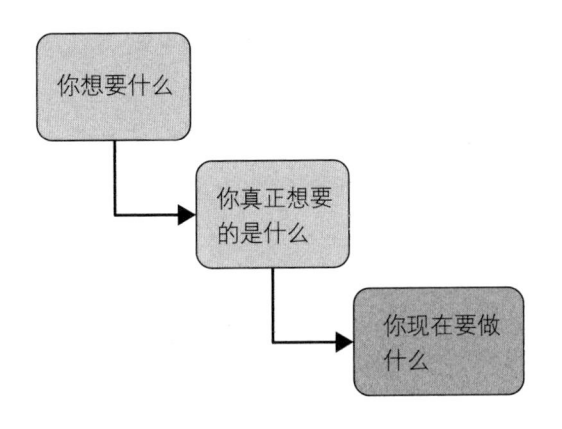

图9　将领悟转化为承诺

当一个与实现期望的结果相关的领悟被明确说出时，教练应该检验一下是不是到了"放书挡"的时候了。不要拖延。不要给客户提供犹豫和找借口的机会。通过下面的一系列发问，领悟将被转化为对行动的承诺。

1. 现在你要做什么？

2. 什么时候开始？

3. 什么可能会阻碍你履行承诺（这会启动B计划或更切实可行的一个计划）？

4. 哪些其他支持或资源会有帮助？

5. 你对你的领悟和计划感觉如何？

当客户说出他们的计划时，他们会感到更有责任坚持到底。承诺成为保证。客户更有可能为自己的话负责。当怀疑潜入时，勇气将驱使他们前进。

客户可能会说他们需要更多的时间去思考自己的新觉察。接受他们的这个想法，并且请他们描述一下他们会怎样去思考。他们会在何时、何地花时间去深入思考他们的发现？请客户确定接下来的行动步骤（至少一步），以确保他们朝着期望的结果前进。

客户可能会对你说他们不需要做计划就知道该做什么。一旦客户以新的眼光看待自己或处境，他们会觉得自己找到了需要的答案。新的意义形成了。他们觉得下一步行动是一目了然的。请记住，知和行是两回事。要求他们说出自己打算做什么，这样你们双方对接下来发生的事情就有了同样的期望。如果他们没有明确说出自己的打算，他们可能会在教练谈话结束后仍然感到犹豫不定。

说出领悟可能会让你觉得结束谈话的时机到了，但是客户可能还没有准备好。在你开始探讨如何利用这个领悟时，客户可能需要后退一步，澄清一些问题。如果他们不愿意确定下一步行动，你就应该知道可能需要更多的澄清。

跟着客户走。如果他们不愿意描述自己当前的认识或学习收获，那就运用回放式陈述帮助他们厘清思想。你甚至可以请他们分享正在展开的新故事，以及他们希望这个故事如何结束。

以积极的语言结束教练谈话

在谈话结束前，请客户总结一下从谈话开始到此刻的教练旅程。让客

第7章　创新与展望：教练领悟和承诺

户描述自己的体验。如果你认为他们遗漏了一个重要的转变，那就根据你的记忆把它说出来，以认可他们取得的某个进展。提醒客户他们所做的工作，这样他们就会认识到自己的贡献，而不是把自己的成长归功于你这名教练。

然后，不管在谈话期间发生了什么，你都要尽可能以积极的语言结束谈话，从对他们腾出宝贵的时间参加教练谈话表示感谢，到为他们采取勇敢的行动去实现突破鼓掌喝彩。如果谈话结果令人满意，客户会称赞你。不要沾沾自喜。要提醒他们如何继续前进。

作为结束谈话的一部分，请选择下面一种或几种方式去认可在整个谈话中的重要时刻客户的行为和进步。

1. 描述他们愿意坦露内心脆弱的那一刻，它带来了教练中的一个重大转变。

2. 认可他们自前几次谈话以来的成长。

3. 回忆那些他们愿意呈现脆弱的时刻，这帮助他们清除了成功路上的障碍。

4. 注意到他们实现的阶段性成果和完成的承诺。

人们会重复和发展那些受到正向认可的具体行为。认可客户不是说好话。你是在通过提醒客户他们能够成功来强化他们投入成长的行动。因为人类的自我保护机制会保护我们回避失望、尴尬和失败，所以你要帮助客户专注于奏效的行为，有时候即便进步缓慢，也会给予客户必需的理论依据去说服自己去冒险。

最后，请客户确认谈话已经结束。你可以问："我们完成任务了吗？""你想安排一下我们的下次谈话吗？""你现在还有其他事情要谈吗？"如果谈话还剩下几分钟，你不必设法打发这段时间。让客户决定如何处理这段时间。他们可能会希望早点结束，也可能有另一个想要讨论的问题。

你们双方在谈话结束时都应该感受到能量的提升。即便客户的承诺是花时间思考他们的新觉察，因为它令人不安，你也要向他们表示赞赏，认可他们去思考需要改变什么的意愿。请记住，教练工作的影响往往发生在谈话结束后。当客户把他们对自己的新觉察应用到日常生活中时，这种认识的转变才会变得牢固。

消除谈话结束时的消极反应

如果在谈话结束时客户质疑这次谈话的价值，那就认可他们在明确期望的结果或在成功的路上取得的任何进展。在困境中前进往往需要不止一次谈话。你可以要求他们在几天之内写下关于教练谈话的一些想法并通过电子邮件发给你。因为最好的教练结果往往发生在谈话之外的时间里，他们的思想变化可能需要几天的时间才能变得清晰。你可以利用他们发给你的信息作为下次教练谈话的跳板，如果他们同意保持这个方向的话。

如果客户觉得最好还是结束教练关系，那就感谢他们的诚实并尊重他们的要求。你可以提供可能对他们当前的需求更有帮助的其他资源，如导师、书籍、播客或培训课程等。你甚至可以推荐另一位教练，如果他们愿意更换教练的话。请记住，你的目的是促进他们成长，而不是使他们尽可能长时间地做你的客户。

如果教练关系的结束发生在长时间的合作之后，你要为他们即将开始的下一个人生篇章感到高兴。回忆他们和你一起取得的进步。然后，祝愿他们一切顺利。分别是不可避免的。不要把它看作个人的损失。正如父母让孩子长大并离开，你也要欣赏客户选择新的成长方式的愿望。

关于明确说出领悟和承诺的三个提示

回放式探究可以唤起领悟。然而新觉察必须具体明确，才能让客户在其基础上设计行动。然后，教练必须确保客户对他们声称要采取的行动做出承诺。运用以下提示有助于确保客户能够清晰地说出他们对自己的思想的认识，并对他们打算采取的行动做出承诺。

1. **顿悟会触发情绪变化**。这种变化可能是轻微的，如有时候客户的表情会变得茫然。你可以问："刚才发生了什么？""你现在看到了什么？"这种变化也可能很明显，如尴尬的笑声或眼泪。不管这种变化有多么强烈，都不要表现出同情或设法缓解客户的情绪反应。保持沉默，让他们充分体验这一时刻。当他们愿意继续前进时，分享你观察到的情绪变化，同时跟进发问："这对你意味着什么？"或者"你是因为看到了什么而引发了这种变化？"他们可能需要详细谈谈他们开始明白的东西。给予他们充足的空间去理解这个新发现。

2. **在获得重要的发现后邀请客户选择教练谈话的方向**。他们的领悟可能暗示着有一个新的期望的结果需要在教练谈话中实现。在获得重要的发现后，邀请客户选择教练谈话的方向。他们现在准备探讨要采取什么行动吗？他们需要重新确定想要实现什么结果吗？如果他们说他们很清楚要采取什么行动，问一问他们的行动会如何帮助他们实现既定的期望的结果。如果他们说他们想根据当前的认识解决另一个问题，那就问他们是否愿意重新说明他们想在谈话结束时取得什么结果。让客户自己选择要走哪条路。

3. **将他们做出改变的意图转化为对行动的承诺。**当客户说出具体的行动计划时，他们更有可能对他们的话负责。他们可能会说他们知道该做什么，但是知和行是不同的。在谈话结束时，至少让客户承诺做一件事，即便这个承诺只是花时间去反思这次谈话，这能够在他们产生怀疑或过于忙碌时强化他们的行动信念。

第3部分

三大思维习惯

大师级水平是指超强的当下感，
　　而不是完善的教练技术。

——玛莎·雷诺兹

在我给领导者讲授如何把教练方式运用于他们的谈话时，我经常听到这样的抱怨："我在问更多的问题。无论我做什么，他们就是不愿意和我交流。"

我总是这样回答："你是如何倾听的？"

在教练谈话中只知道该说什么还不够。发展教练技术会帮助你促使客户整理他们的思想并更清晰地独立思考。要实现更深入的探索——发现客户真正想要什么，以及是什么在阻碍他们实现愿望，需要客户在与你共处时有安全感。

领导力专家道格·西尔斯比（Doug Silsbee）说："实际上，我们所拥有的促进他人持久、可持续发展的能力完全基于我们带入这种关系的当下感。"在他的著作《基于当下感的教练》（Presence-Based Coaching）中，西尔斯比说明了这种关系场域的力量。这种处于两人之间的能量往往被称为气氛或氛围。这种能量可以被测量。

> 你用你的情绪创造的能量是实实在在存在的。
> 这种关系场域是可感知的，而且是强有力的。

我们的神经系统就像无线接收器一样工作。我们会收到与我们共处的人发出的情绪电波。卡尔·荣格（Carl Jung）说："两种性格的相遇就像两种化学物质的接触。"当人们交往时，他们大脑之间的空间会发生某种变化。我们会根据双方在场时的相互感受建立或中断关系。我们会畅所欲言或沉默不语。

这种情绪感染并不是相互对等的。处于主导地位的人物的情绪在谈话中拥有更大的影响力。在教练谈话中，教练是处于主导地位的人，除非客户的社会地位令人生畏。即使你擅长隐藏自己的情绪，客户也会被你的感受所影响。

> 因为教练工作可能使客户感到犹豫、脆弱和不知所措，所以你必须有意识地设定和保持你的情绪基调以保证他们的安全感，不管他们体验到什么情绪。

你的情绪和你对客户的尊重会影响他们学习的意愿和勇气。客户与你共处时需要感受到心理上的安全。

心理安全

我们的大脑熟悉各种威胁。我们积极地觉察各种危险。教练的责任是创造条件让客户感到可以安全地说出自己的心事。员工敬业度专家威廉·卡恩（William Kahn）把心理安全描述为"能够表现和发挥真实的自我而不担心给自我形象、地位或职业造成负面后果"。教练有责任创建一个"安全罩"，在那里，客户可以自在地做真正的自己。

> 信任和心理安全是不同的。

客户可能相信你说的话，他们可能相信你会对谈话内容保密。他们信任你，但可能会觉得向你敞开心扉是不安全的。他们可能会想："如果我说出自己的想法，我会不会被笑话或被评判呢？""如果我透露出我的恐惧和渴望，我会不会被嘲笑呢？"对这些问题的回答是"不会"，只要客户感到你关心他们，你承认他们的经验和观点是合乎逻辑的，而且你相信他们有足够的智慧和资源去找到一条前进之路。如果你感到恐惧、急躁，或者对客户进行评判，你的良好意图就白费了。

> 和你所说的话相比，你的情绪和正向关注对客户的安全感具有更大的影响。

近几年，研究人员一直在评估治疗性当下感的价值，接受治疗的患者包括那些遭受过重大心理创伤的人，他们在这种当下感中有足够的安全感去充分参与艰难的对话。当下感被描述为患者和治疗师双方所处的一种信任和安全的神经生理状态。在这种状态下，人们的自我保护或防御机制被抑制，从而创造出成长和改变的最佳条件。

在进入治疗性当下感时，你不需要监控自己的姿势、非语言表达和说话的声音。相反，你运用好奇、关爱和勇气去打开脑、心和腹部——组成神经系统的三个处理中心。你的情绪比你手臂的摆放位置具有更大的力量去建立安全感。此外，当你考虑打开手臂、摆好双腿、放松坐姿、表现关心或进行目光交流时，你是在思考，而不是与你面前的人同在当下。

如果你运用好奇、关爱和勇气去打开神经系统的各个中心，并且提醒自己相信对方的潜能，很可能你的非语言行为会体现出你真诚的关注和接纳，不管你是否交叉双臂。你需要管理你的内心以确保你周围的空间是令人愉快和舒适的。

第8~第10章将帮助你培养三大思维习惯，它们能够为客户提供必需的心理安全去有效地实施第二部分提出的五大实践。要想精通教练之道，你需要做到：

1. 调整大脑——培养你的当下感。

2. 接收信息（不只是倾听）。

3. 觉察评判并将其释放。

在文学作品、电影或电视节目中都会有一个持续的故事情节，这就是故事线。教练工作的故事线——利用你的思维习惯——贯穿所有的谈话。练习这三个思维习惯将让你对教练技术的运用臻于大师级水平。

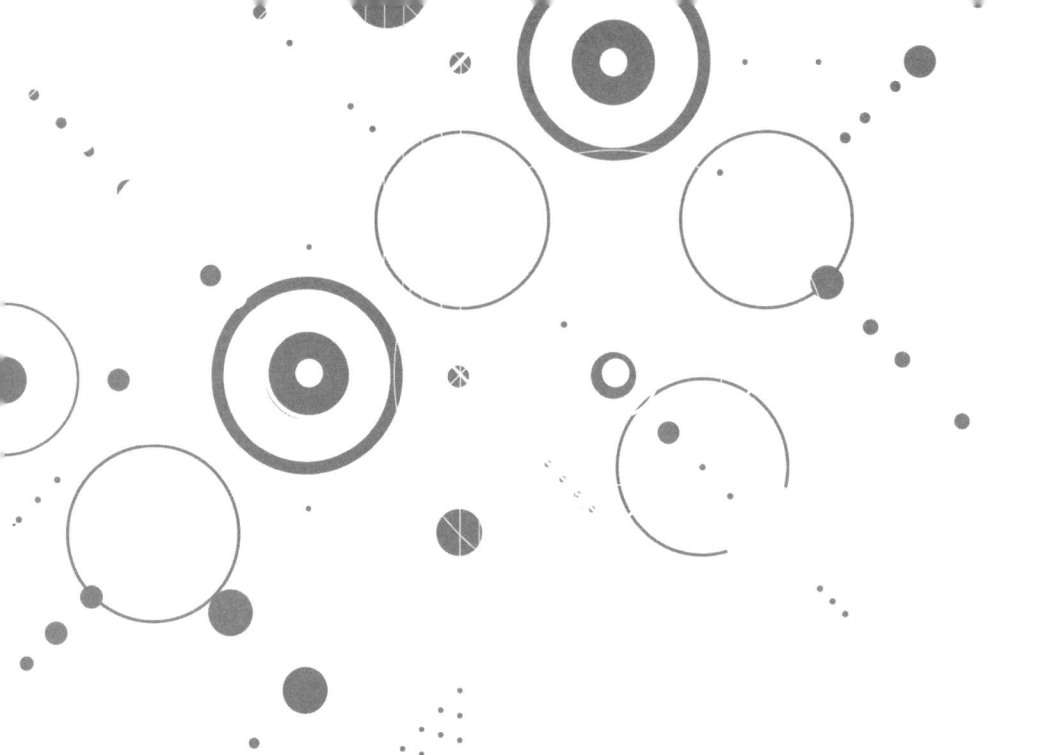

第8章

调整大脑——培养你的当下感

注意力包括暂停我们的思维,让它超然、放空、向外界开放……
你需要等待,不要寻求任何东西,只是准备好去接收。

——西蒙娜·韦伊

一个普遍持有的信念是熟能生巧，累计一万小时的实践会使你达到大师级水平。许多研究对此提出质疑。实践会使包括教练在内的任何工作都表现得更轻松和更有效，但是进入大师级别的关键因素是在教练过程中完全处于当下。

完全处于当下要求你养成习惯，在身体上和精神上只关注当下发生在教练互动中的事情。互动之外的事情是不存在的。各种想法可能会飘过你的脑海，但是它们不会停留。我们把这称为教练当下感。

锻炼当下感的实践被比作正念实践，此时你清醒地知道你的思想和身体的内外部正在发生什么。培养正念会帮助你察觉自己的各种想法和身体上的各种感受并且让它们自行消失。当你在教练工作中运用正念时，你能够察觉你的想法和情绪反应，深呼吸，然后回到当下。你会选择保持好奇而不是一味地想弄清楚对方需要什么，保持耐心而不是急于找到解决方案，勇敢地保持安静而不是主动帮忙。

锻炼你的当下感有两个好处。第一，你能够接收到客户用语言和身体表达的信息。第二，你开放的当下状态会创造必需的心理安全以进行诚实的探索性对话。

下面的三个步骤将帮助你锻炼当下感。

1. 选择你想要的感觉。

2. 回想你的合作意图。

3. 相信客户的潜能。

在你开始教练谈话之前，建立当下感是很重要的。你的当下感甚至比你的话语更能创造出安全和开放的氛围。然后你必须保持协调状态，在谈话中，如有必要你可以重新调整你的大脑。当你被自己的想法干扰时，要迅速回到当下。

选择你想要的感觉

因为你的情绪比话语更有影响力，所以你必须在与客户谈话前有意识地选择你想要的感觉。这要求你不仅要思考你想要什么感觉，还要有意识地通过接收你想感受的情绪信号来改变你的身体状态。让你选择的情绪充满你的身体。

1998年，我接到了一项任务——基于研究顶级运动员如何在压力下做出优异的表现来创作一个课程，以帮助职业运动员找到他们的卓越区。我就如何掌握处于当下这门艺术查阅了相关运动心理学研究，并采访了六个运动项目的多名顶级运动员。我发现最优秀的选手在进入专注状态时不会想任何事情，连获胜都不想。想到获胜会使他们的大脑考虑失败的可能性。相反，这些冠军选手清空了他们的大脑，让他们的身体自由发挥，同时享受地去做他们最热爱的事情。

这种心理状态被称为心流，其特征是完全沉浸于正在做的事情，忘记了时间和空间，不在意其他任何事情。心流这个概念是由心理学家米哈里·契克森米哈赖（Mihaly Csikszentmihalyi）提出的，他把这种体验定义为让我们做出最佳表现并享受当下的最理想的意识状态。契克森米哈赖说，在这个状态中，人们知道正在发生什么，但是"我们以一种反射性的、本能的方式做出反应……我们能够从容地权衡感官告诉我们的情况，并据此做出回应"。思考是不必要的。

契克森米哈赖的工作引出了无数关于正念和情绪影响的研究和文章。大多数研究者都认为，情绪是进入心流的结果。其他研究者由此提出，回想情绪，如同情或平静，能够帮助我们进入心流状态。根据对情商的研究，我们现在知道许多情绪都能够引发生物化学反应，从而产生心流。这些情绪有幸福、满足、爱、感激、欣赏、好奇等。

当我询问那些运动员处于心流状态的感受时，他们说他们感受到了平静和自信。有几名运动员说他们感受到了感激。他们没有考虑过这个问题，但是他们觉得情绪在使他们保持心流状态方面非常重要。假如他们陷入恐惧，他们就会退出心流状态。

要进入教练的心流状态，你不仅需要清空大脑，还需要选择一两种你想在整个谈话中感受到的情绪。你可以选择保持好奇和关爱、平静和勇敢、感激和乐观。选择那些有助于你保持当下的情绪。当你考虑到每个客户的需求时，你的选择可能会改变。在本章结尾，你将学到如何运用回归当下的四步流程来把这些情绪注入你的身体。

在教练过程中保持当下感有助于建立亲和关系。你会听到更多的话语，注意到哪怕极其微小的情绪变化，而且客户与你在一起时也会有更多的安全感。你的情绪散发出的能量会为你们的谈话增加积极的动力。

要有毅力才能在实践教练技术的同时保持当下感。你需要努力克服长期形成的干扰性思维习惯。随着你的当下感日益成熟，与客户合作时，你的满足感也会不断提高。

回想你的合作意图

必须让客户感觉到在整个谈话中你的意图是与他们合作去发现最好的前进之路。一旦你把你的意图转变为想让他们朝着你认为最适合他们的某个方向前进，他们的安全感就会减弱，甚至可能完全丧失。即便他们没有主动抵制你的教练工作，他们的大脑活动也会减少。

你必须让客户自主思考。你可能先于他们觉察到他们的障碍，并且希望他们选定某个行动或目标，但是你永远不应忘记这是他们自己的历程。你只是他们的思维伙伴。由他们来选择方向、明确行动选择和做出决定。

> 一旦客户感觉到你在引领他们去往某个特定的结果，他们就会对你产生抗拒、消极地服从，或者变得心不在焉。

客户必须知道你在运用教练技术帮助他们解决难题，而不是说服他们去做正确的事情。他们必须知道你相信他们的才智并且服务于他们的更高利益，而不是谋求你自己的利益。这个意图有助于保持他们的安全感，即便在他们感到脆弱时。

为了维持你的合作意图，你要选择对将要发生的事情保持开放和好奇。你需要倾听客户的思维模式以与客户一起对它进行检查，而不是倾听符合你的信念的答案。你要对他们的假定感到好奇，而不是评判其对错。当他们寻找证据支持自己的信念时，你可能会注意到他们的论证中存在的矛盾之处。运用回放式陈述、发问和适当的沉默，相信他们会充分质疑自己的思维。你对他们的信任也会赢得他们对你的信任。

请记住，你的意图不是要到达某个地方、解决客户的问题或改变他们。你是他们的思维伙伴。你的目的是拓展他们的视角去找到他们很可能一直以来都知道的答案。

相信客户的潜能

人本主义心理学家亚伯拉罕·马斯洛（Abraham Maslow）说，只有在感受到被他人关心、认可和尊重之后，我们才能让自己的意识和创造力发挥全部潜能。我们渴望被听到、被理解和感到自己有价值。我们必须先被他人看到，然后才能认识自己。

如今我们天天盯着手机和电脑，都看不到彼此。我们几乎不了解对方，更不用说认识对方的独特、惊人之处了。我们的各种习惯使我们没有时间去建立真正的良好关系。我们几乎无法忍受那些深入的谈话。

我们在与他人共处时都寻求安全感以便做真实的自己。这种安全感在你急于解决问题、缓和情绪或设法说服客户时就消失了。这些行为反映出你认为他们不够好。如果他们察觉到（哪怕有一丝）谈话可能存在傲慢或虚伪之处，他们就会产生防御或退缩心理，良好的关系不复存在。

> 当你不相信客户有能力找到自己的前进之路时，他们就不再是受到充分尊重的谈话伙伴。

不相信人们有能力解决自己的问题，这一观点就产生了英国记者约翰·哈里（Johann Hari）所说的"良好关系的拙劣模仿"，此时我们虽有互动却并没有人性层面的交流。教练工作的合作失去了能量互动。客户离开谈话时感觉受骗或沮丧。这使将来建立良好关系的尝试变得更加困难。如果你屈服于自己的冲动去解决客户的问题，你们双方都会失败。

人们必须感到受重视才会完全投入并愿意成长。在知道别人看重我们和我们所做的事情时，我们的价值感会激励我们去战胜困难。因此，你对客户潜能的信心，即他们是有创造力的、有智慧的和完整的，对谈话结果至关重要。

> 你无法通过布置任务和家庭作业赋予人们能量。当人们感觉被看到、被关心和被尊重时，个人能量就会从内心涌出。

试着练习去看到所有与你交往的人的潜能。下一次不管你遇到谁，都要正视他们的眼睛。无论你是否赞同他们所说的话，你都要尊重面前这个独特的人，认识到他们在尽最大的努力利用他们的知识去生存和取得成功。你有望帮助他们意识到他们能够知道的其他事情。

需要记住的几个要点

以下简要总结了关于调整你的大脑需要记住的几个要点，它们会帮助你建立必要的能量纽带去成功地教练人而非问题。

- 当下感让你觉察到在你自己身上、在与你共处的人身上，以及在你们之间的空间里正在发生什么。

- 在教练谈话之前，你需要通过三个步骤使你的大脑做好准备，以建立心理安全感：（1）选择你想要的感觉；（2）回想你的合作意图；（3）相信客户的潜能。
- 你在教练谈话之前和谈话期间所选择的情绪比你的话语更能影响谈话的结果。
- 如果你想真正帮助客户思考，就必须让他们自主思考。你要对展开的一切保持开放和好奇。
- 教练谈话要求你尊重面前这个独特的人，以激发他们学习和成长的意愿。看到他们，重视他们的存在，并且相信他们的潜能。

经常练习调整你的大脑，直至这种心理状态变得非常自然。调整你的大脑，在你开始一天的工作之前，在你准备任何谈话之前，在你坐下来回复电子邮件之前，以及在你准备睡个好觉之前。这样，你就能在情绪被触发时控制你的思想。

培养调整大脑的习惯：练习回归当下

在教练谈话之前，以及在受到自己的思想和情绪干扰的任何时候，请运用回归当下的四步流程来调整你的大脑。

这四个步骤包括：

1. 放松你的身体；

2. 摒弃大脑中的杂念；

3. 将你的意识归于身体的中心；

4. 聚焦于你想要的情绪。

第一步　放松你的身体

你必须首先释放身体上的紧张，然后才能清空大脑并转变情绪。

日常工作的压力会表现在你的身体上：你的肌肉变得紧绷，你的呼吸停顿或放慢，你的下巴紧咬，你的胃传来阵阵疼痛，你的双肩向上耸。

告诉自己要平静下来，这只能起到几秒钟的作用。你必须主动改变你的生理状态，然后你才能控制大脑的运转。

首先，专注于你的呼吸。在紧张时，你会屏气或呼吸急促。缓解紧张的最快方法是呼气，然后让你的呼吸回归正常的、轻松的节奏。

接下来，释放你颈部、背部、双臂和双腿上的所有紧张。如果你知道自己习惯于在哪个部位表现出紧张，就去关注那个部位。吸气并放松这些部位。如果你不确定该关注哪个部位，做一个快速的身体扫描，释放身体每个部位的紧张。从你的前额和下巴开始，然后下行至双肩、胸部、腹部、双臂和双腿。在一天的不同时间里呼吸并释放你的紧张。你将在需要时拥有更多的能量。

为了保持放松，你要经常参加释放紧张的活动。尝试冥想、瑜伽或其他放松练习。参与有趣的团队运动。从事你喜欢的体育锻炼。去跳舞。找到一项能让你感到快乐和感激的活动，如在公园里散步、到沙漠去远足、和你的孩子或宠物玩耍，或者为你的业余爱好腾出时间。

我最喜欢的快速缓解紧张的方式是在手机相册里查看我"最喜爱的照片"。我的这种喜悦和感激情绪立刻将一种幸福感注入我的身体。

你也可以有意地放慢生活节奏。更慢地吃饭，更从容地开车，更舒缓地散步。要想摒除杂念，先要放松身体。

第二步　摆脱大脑中的杂念

在你放松身体后，你可以通过摆脱大脑中喋喋不休的谈话来释放你的大脑。清除这些嘈杂的声音——你对自己作为教练的影响力的忧虑、对保持持久关系的担心，以及教练工作之外的烦恼。只有头脑清晰，你才能进入教练工作的心流状态。

当你做某件事只是为了享受其中的乐趣时，你可以看到这样的现象。如果你不会失去任何东西，你很可能会表现出最佳状态，如发表一流的演讲、尽情跳舞，或者写出一篇鼓舞人心的文章。

开始练习摆脱杂念时，让你的思想暂停一分钟，同时观察你周围的世界。如果你的心思移向别处，或者你开始评判、分析或评价，让这些想法自行飘走。回来继续观察你周围的世界60秒。

明天，把你的练习延长至两分钟。每天看看你能多坚持多长时间不让你的大脑被杂念占据。

第三步　将你的意识归于身体的中心

许多东方哲学认为心智的真正中心位于身体的中部。要想到达那里，你需要将意识从头部向下移动，进入你的核心——这叫作归于中心。

运动员、表演者和武术家都学过将意识移向横膈膜或靠近肚脐下方的部位。有些人通过觉察吸气时气息到达腹部的最深处来找到他们的中心。我会让我的学生回想他们生命中的这样一个时刻：当他们不顾恐惧挺身而出或直抒己见时，察觉自己从身体中心发出的力量。感受勇气——拥有勇气——打开你的身体中心。

每天一次，花一点时间闭上眼睛，深呼吸，觉察你的身体中心。尽可能长时间地将你的意识保持在那里。

当你可以自如地将你的意识从头部向下轻移并保持在你的身体中心时，再给你的练习加上各种活动。参加体育运动、读书、听音乐或远足，同时把你的意识集中于你的身体中心。从这个新的视角，你将开始看到和听到更多的细节。你将带着力量和平静去行动。

然后你可以在社会交往中实践归于中心。从你的中心出发去说话和倾听，这种行为会让你与他人建立亲和关系。他们在与你相处时感到更安全。他们将更清晰地听到你说的话。

每当你难以保持当下感时，把一只手轻柔地放在腹部并用手指轻轻敲击。这会让你的注意力从头部转移到身体。提醒自己调整呼吸。

和所有新习惯一样，归于中心需要日常练习。给自己时间去掌握它。在没有威胁的环境中开始你的练习。坚持日常练习，这样归于中心才能从一项技术变成一个习惯。

第四步　聚焦于你想要的情绪

在放松身体、摆脱杂念和归于中心之后，选择一两种你想要在教练过程中保持的情绪。想一想你希望客户在你们交谈结束时有怎样的感受。你是希望他们感到乐观、鼓舞、好奇还是自豪？你可以选择去感受那些你希望客户在教练过程中感受到的情绪。

我在开始教练工作之前，会让"好奇和关爱"随着呼吸进入我的身体。我把这几个字写在一张纸上，放在视线范围之内。只要我变得慌乱，或者有了给出建议的冲动，我就扫一眼这几个字。我深吸一口气并感受对客户的好奇和关爱。然后，恰当的话语总是自然而然就出现了。

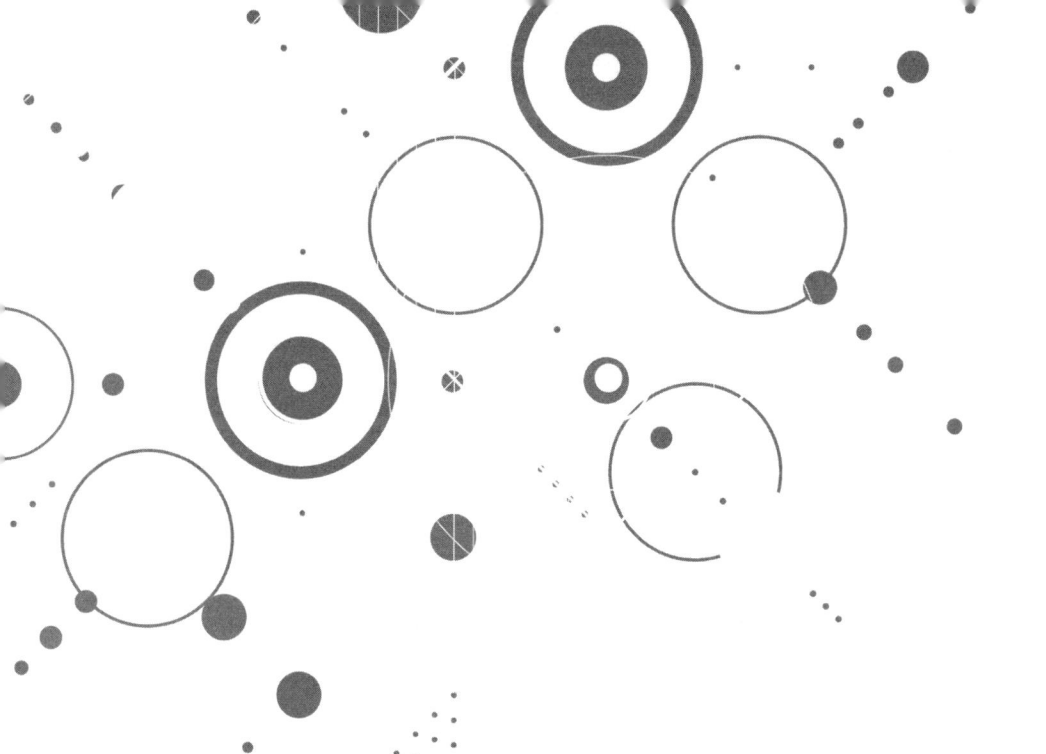

第9章

接收信息（不只是倾听）

真正的倾听是愿意让对方改变你。

——艾伦·艾尔达

我第一次听到"接收"这个词被用作一种倾听形式是在我观看朱利安·特雷杰（Julian Treasure）被广为传播的TED演讲《改善倾听的五种方法》时。他的倾听模型是RASA，包括接收（Receive）、欣赏（Appreciate）、总结（Summarize）和询问（Ask）。在我为领导者开办为期一至两天的勇敢教练工作坊时，我教给他们这个模型，作为他们在领导工作谈话中运用教练方式的一个手段。他们通过练习去体验充分接收和欣赏谈话者的观点是怎样的感受。大多数人承认他们不得不努力控制自己不去插话给出建议，但是不带评判地接收和欣赏对方的体验有助于这些领导者保持当下感。然后，我要求他们总结和只提出澄清性问题，迫使他们将注意力集中于他们的倾听对象。

> 全面接收对方的信息，而不只是倾听，
> 这对于运用回放式探究去教练人（而非问题）至关重要。

接收意味着你把客户提供给你的一切全部吸纳。你听到他们的话语，注意到他们表情和姿势上的变化，捕捉到他们微妙的情绪变化，察觉到他们的未尽之言。当你接受并尊重人们本来的样子和他们当下的体验时，他们更有可能打开自己并和你一起探索。

倾听

在日常交往中，倾听的意图通常是获取你需要的信息。如果你只是待在自己的思维框架中，与对方保持距离，那么即便你口头上说希望与对方合作，当你们分别时，对方也几乎感觉不到你们之间有任何关系。

你倾听他人是出于以下目的。

1. **收集信息**。你倾听他人以便知道接下来该说什么或做什么。在教练工作之外，你倾听是为了构思你的论点、比较你和他人的视角，或者在你感觉理解不准确时完善你的观点。在教练工作中，你倾听是为了得到足够的信息以便插话并探讨行动选择。

2. **给出答案或解决问题**。你倾听是为了等到他人分享完他们的故事后知道给出什么建议。

3. **遵守礼节**。你倾听是因为这是"正确"的做法，你会用最少的时间让他人觉得你在乎他们。你倾听是因为你觉得应该这么做，而不是因为你想这么做。

认知意识

倾听他人需要你运用认知意识。你要设法理解他人所说的话，对你听到的话做出解释。

你也许会注意到人们在表达中的情绪变化，但是你会倾向于分析他们的反应，尽管准确地解释面部表情是很难的。在任何交流中，人们传递的信息都远不止他们所说的话和明显的表情。

仅仅运用认知意识的倾听注重收集信息以便从客户的视角去理解他们的故事。认知倾听往往通向诊断问题和找到解决方案。这种教练工作仅从表面上寻找行动选择和结果。

接收

当你选择与某人同在当下并建立良好的关系时，你的倾听不能局限于你的分析脑。你要打开你的神经系统去接收信息，不仅要用你开放的头脑，还要用你的心和腹部。对方会感到被倾听和被重视，而且有可能因此而做出改变。

接收要求你停止分析。你接纳他人的话语、表达和情绪，把它们看作他们的体验要素。你承认他们讲述的故事从他们目前的视角来看是合理的。你不插入自己的意见或评判。

你接收他人提供的信息是出于以下目的。

1. **与他人建立良好的关系**。你倾听是为了与他人建立关系。你在整个谈话中保持当下感，接收的信息超出了对方的话语和肢体语言。你抑制住想知道接下来会发生什么的冲动。客户欣赏你保持不知道状态的从容。

2. **让人们知道你重视他们**。你的倾听会让对方感到被听到、被理解和被重视。此外，如果你重视他人对你说的话（即便你的观点与他们不同），你就会提升你的同理心能力。

3. **强化人际关系**。你倾听是为了与他人共度时光。我们经常以这种方式享受友情。你能否在倾听客户时把他们当作你亲密的朋友？

4. 一起探索、学习和成长。你带着好奇去倾听，为的是向你面前的这个奇妙的人学习。当谈话带你进入新的、意想不到的领域时，你很开心。与他人以这种方式建立关系和你在观看绚丽的日落、凝望美丽的大峡谷或仰望流星在夜空滑落时感受到的连接是一样的。在教练工作中，放下你已有的知识会让你看到教练工作的魔力。

接收是一个主动而非被动的行为。为了充分接收，你既要意识到自己的思维活动，又要觉察自己的感官反应。通过感官觉察，你能够接收并辨别他人未说出的真实状况。

感官意识

感官意识包含着对你在谈话中产生的反应的内在觉察。你的反应可能是由客户告诉你的事情引起的，也可能是你对从他们那里接收的能量信息产生了反应。

当人们不能或难以自行说出他们的渴望、失望、需求、沮丧、希望和疑惑等时，你可以感觉出来。这需要你动用全部的三个神经系统处理中心——大脑、心和腹部。本章结尾的练习会介绍如何运用视觉想象去打开全部这三个处理中心。

变得敏感并不意味着受到外界的左右。它意味着你在感觉层面意识到周围发生的事情。你能够觉察到人们有内心冲突、感到忧虑或受到激励。大多数人声称他们的宠物拥有这种觉察他们的情感需求的神奇能力。人类也能够接收到这些情绪氛围，只是平时不会注意它们。

很可能你从小接受的教育就要求你忽略感官意识。你是否曾被告诫，"千万别感情用事"或"你应该让自己变得坚强"？这种教育使你学会依赖认知脑去倾听和理解事物的意义。

如果你不允许他人进入你的感官意识,你就不能充分体验到他们的存在。你在精神和肉体上是与他们分离的。你在自己和与你共处的人之间竖起了一面墙。

我经常被问到探索情感领域是否有危险,特别是在工作中。我经常听到有人说:"我不允许别人用情感来影响我。"商界充斥着这样的格言:"只有强者才能生存。"

> 如果你允许自己变得敏感——充分体验他人的存在以觉察他们的感受,你的回放式陈述会具有更大的影响力。

你可以通过注意客户的肢体语言和说话的语气对他们的感受获得一些认识,但是当你接收到在你们之间振动的情绪能量时,你会获得更深的觉察。你可能会在你的心和腹部感受到这种能量。你会知道他们是急于前进还是想花更多时间探讨一个问题。你能够分辨出他们只是希望被倾听还是希望自己利用现有条件做出的最大努力得到认可。

你可能会在你的身体里感受到他们的紧张、焦虑和愤怒。如果你让这些情绪待在体内,你将无法有效地进行教练。同理心会让你运用感官意识接收另一个人的感受,但是在进行教练时,你需要让这些感受从你的身体里流走。正如第4章所描述的,这样你就能体验到非反应性同理心。你与客户分享你所看到、听到和感受到的东西。如果你感受到了他们的情绪,那就放松身体并让这种情绪慢慢消退,同时回到与他们完全同在当下的状态。

> 接收并随后把你看到、听到和感受到的东西呈现给客户，以帮助他们更好地理解这种体验。放下他们的情绪，这样你就能为他们撑起一个安全的空间去处理你所呈现的东西。

练习调整你的大脑，带着好奇、关爱和对客户潜能的信心处于当下。接收他们提供的信息，不予分析或评判。分享你接收的信息。放下那些你觉察到的他们的情绪。你的当下感会支持良好的关系、安全感，以及你与客户共同探索新的前进之路的意愿。

在谈话中培养感官意识的五个步骤

练习以下步骤会让你在教练过程中保持大脑清晰。你将能够清楚地接收客户的话语和情绪表达，并将它们回放以供思考。

1. **保持内在和外在的平静。** 当你让自己的思维和喋喋不休的大脑平静下来时，你的感官通道就会变得通畅。

2. **放下已知。** 不要认为你知道客户会如何做出反应。相反，试着相信任何事情都可能发生。你可能会有意外的发现。你越是了解某个人，你越有可能不再对其好奇。当你问别人一个问题时，你能否不再自认为你知道他们会说什么？

3. **不坚持自己的理解。** 保持好奇并提出问题去了解客户的观点。在分享了接收的信息后，接受他们的回应。如果他们不认可你的理解，那就接受他们的解释。他们可能需要时间和空间去思考自己的感受。

4. **既用大脑又用心和腹部去倾听。** 在谈话之前，用共情或感激打开你的心。然后通过感受勇气来打开你的腹部。运用本章结尾的视觉想象来帮助你培养这个习惯。

5. 验证你的直觉。 当你在心或腹部产生了一种感知时，分享你认为客户可能有的感受，如愤怒、沮丧、伤心或渴望。接受他们的回应，不管他们是否同意你的感觉。即使你的直觉是错误的，你的猜测也能帮助他们准确说出他们感受到的情绪。

阿玛斯（A.H.Almaas）说："因此，我们越是习惯于内在的安宁和平静，我们在细微方面的洞察力就越强。这能将我们的探究带到更深的层面，带到一种更新的知识领域，带到一种不同的体验里。"

培养接收信息的习惯：全身心地处于当下

下面的视觉想象会帮助你在教练谈话前打开大脑、心和腹部。完成每一步后请暂停片刻后再开始下一步。

1. 坐在椅子上，观察你的身体。让你的目光变得柔和并转向下方。注意身体的感觉。改变你的姿势以保持舒适，同时在椅子上坐直。

2. 感觉身体和椅子接触的部位。感觉双脚的摆放位置。

3. 注意你的情绪状态。你是否感到伤心、平静、疲倦或急躁？不管你有什么感觉，看看你能否放松并把它释放出来，以便准备好进入随后的流程。

4. 专注于呼吸。感受你的身体伴随着呼吸产生的反应。感受吸气时空气的温度。当你呼气时，让你的身体放松。如果你注意到某些部位因为你的情绪而产生了紧张，让吸入的空气进入这些部位。当你呼气时，让这种紧张流出你的身体。

5. 让觉察进入大脑。想象在大脑的中心有一部电梯。电梯门打开了，让你的各种念头、评判和意见全部飘进这部空荡荡的电梯。当它们安全地进入电梯后，你看到电梯门关上了，你的大脑中不再有一丝杂念。对自己说"好奇"这个词。吸气并感受好奇心使你的大脑开放的过程。

6. 回到大脑中的电梯。电梯门仍然是关闭的。你看着电梯缓缓地从头部下降，经过颈部，进入胸腔，停在靠近心脏的区域。回忆你深爱的某个人或宠物，或者一道美丽的风景。当电梯门打开时，你看到了这个人、宠物或风景，它让你充满了感激、幸福或爱。深吸一口气，说出你感受到的那个词，如"爱""幸福""感激"，你会感觉自己的心境变得开阔。

7. 回到靠近心脏的电梯。在电梯门关闭时，向那个人、宠物或风景道别。你看着电梯缓缓下降，经过身体中部，停在紧靠肚脐下方的位置。一道柔和的光从电梯门中发射出来。当电梯门打开时，里面除了柔和的光亮，什么也没有。感受这团光亮的温暖。回忆你感到勇敢和坚定的某个时刻——当时你不顾恐惧，勇敢地发言或行动。记住你当时的感觉。当你吸气时，对自己说"勇气"这个词。让这个词进入并停留在你的身体中心，然后呼气。在保持呼吸的同时让你的意识关注你的中心、你的力量源头。

8. 现在睁开眼睛。带着开放的大脑、心和腹部去进行教练或参与任何对话。

在下次教练谈话之后，思考一下你是否在利用神经系统的某一部分时遇到了困难。我听到有人说："我可以运用腹部，但是听从我的心会让我感觉很别扭。""我总是用我的心去倾听。分享来自腹部的感觉让我很害怕。"那些喜欢提供帮助的人更容易用他们的心而不是腹部去倾听。跟随直觉采取行动的冒险者更容易用他们的腹部而不是心去倾听。在你的日常交流中，练习用你最脆弱的部位去接收信息，以便平衡你神经系统的三大处理中心。这个练习将帮助你在教练时打开并协调你的整个神经系统。

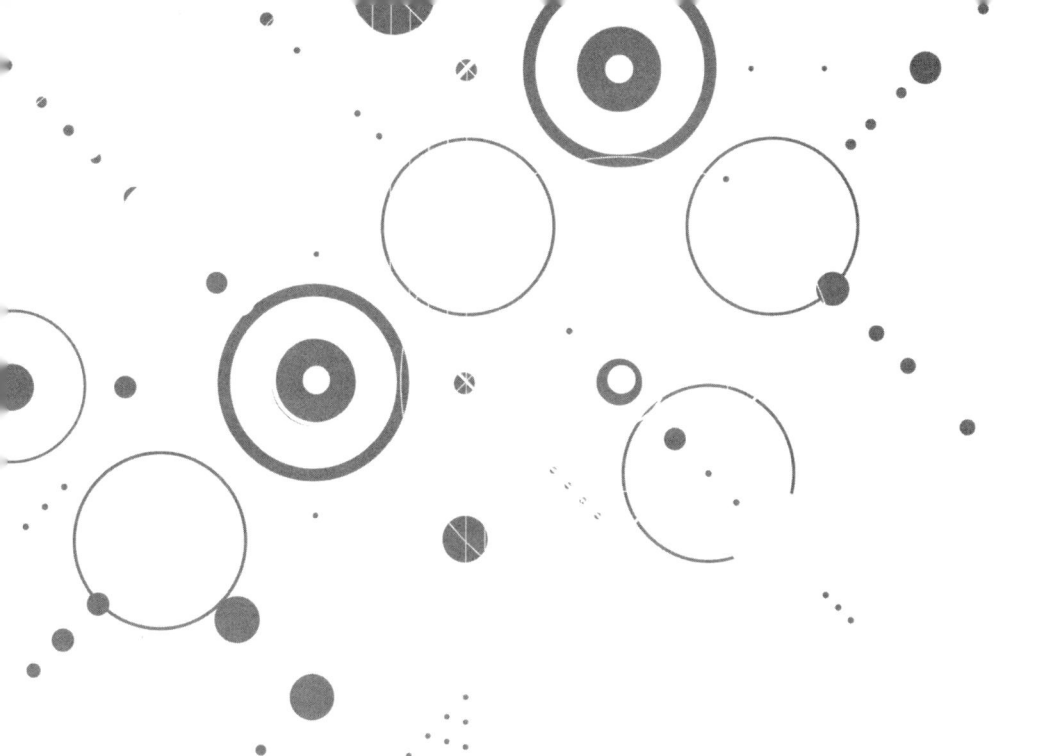

第10章

觉察评判并将其释放

教练工作给予人们一个安全的空间去做他们自己，
带着他们所有的情感和脾气。

——玛莎·雷诺兹

我曾经当着很多观众的面现场教练一位男士。他想探讨他是否应该在退休后做一名教练。我问他作为公司的人力资源主管，他喜欢这份工作的哪一点。他告诉我他喜欢培养员工。他喜欢看到人们在意识到自己能比想象的做得更好时眼中闪现的光芒。最重要的是，他为能给人们灌输某种思想而感到骄傲。我大为震惊，不仅是因为他的政治价值观和我的相冲突，而且他提到的某个词让我回忆起童年时期经历的那些关于核攻击的恐怖故事。但是，我的工作不是评判或改变他。我注意到了自己的反应，于是我让它随着我呼出的气体流走，并且回到与这位奇妙的人——他喜欢看到员工眼中充满希望的光芒——同在当下的状态。

　　很多"熟练"的教练最常对自己说的一个谎言是"我不评判他人"。我们都认为自己是包容的、不轻易做出反应的。尽管我们也许能注意到各种杂念和情绪对我们的影响，但我们仍然禁不住产生偏见和做出评判。我们所感受到的最有害也最易忽视的一个情绪就是评判。

　　与恐惧和愤怒一样，评判也是对我们的思想产生负面影响的一种情绪反应。当我们听到某些话语和看到某些行为时，我们的大脑会先扫描危险，然后做出反应。如果大脑断定这些话语或行为不符合我们的框架——我们认为自己是谁（身份）和世界应该如何运转（现实），我们就会进行评判。无论我们认为自己的当下感保持得有多好，我们的大脑总是在辨别与我们的人生观或价值观相矛盾之处。这使我们天生就爱评判他人。

　　我们的大脑倾向于负面思维，这使我们更容易把甚至毫无恶意的表达理解为有害的，而不是中性的或有利的。我们把自己的信念与我们认为他人持有的信念进行对比，然后出于自我保护，夸大这些差异。我们随后说出的话，包括提出的问题，都会因为我们的负面理解而带有倾向性。

> 你认为什么是重要的、什么是正确的，
> 以及他人应该如何行事，这些观念导致了评判。

你无意间做出的姿势或说出的话语可能会显示出不悦。凡·高曾写道："不要忘记：那些细微的情绪是我们人生航船的伟大船长，我们无意识地服从它们。"你也许会抬起一侧的眉毛，挠挠头皮，或者在回放客户所说的话时以强调的语气结束，以至于你的回放听起来更像一个问题而不是一个陈述。你跟进发问的意图是更正他们的话语。如果不加以制止的话，哪怕轻微的评判反应也会影响交流中的能量互动，损害信任和安全感——它们对于有效地教练你面前的这个人是至关重要的。当你进行评判时，伙伴关系就不复存在了。

> 要想放下评判，你必须先承认自己带有评判。

对教练技术的驾驭要求你承认自己是一个爱评判、有偏见的人。是人就会去评判。你必须识别并放下你的各种评判反应，以免它们破坏你的教练工作。

在你的各种评判中，有一些是容易被发觉的。其他的则是无意识的，这意味着你不会意识到你对听到的话做出了负面反应。这些评判经常被称为无意识偏见。你频繁地评判社会行为。例如，人们如何走向婚姻，他们选择什么宠物，他们如何穿着打扮，以及他们如何谈话。你也许不会注意到你冒犯了别人、打断了他们的谈话，或者忽视了他们，尽管你讨厌别人对你做这样的事。你告诉人们你不是有意冒犯他们的，但是你的意图并不重要，他们还是会觉得被冒犯了。

无意识偏见也被称为盲区。如果你希望生活更加安宁并且拥有更好的人际关系，甚至包括与一起排队的陌生人之间的关系，请练习觉察你的评判情绪以便暴露你的一些无意识偏见。

由于无意识偏见难以发觉，可以请别人帮你发现它们，这是很有用的。你可以依赖一位朋友指出你的偏见。我的一位朋友会在我说话尖刻时提醒我。尽管我不喜欢被人指出我带有评判，但我还是为这种觉察心怀感激。你也可以聘请一位教练帮你挖掘你盲目地捍卫的东西。

理解情绪反应的含义

最常见的评判反应是由客户的情绪反应引发的。哪怕是对他们的情绪状态显露出一丁点儿的不快，谈话的进展也会受到影响。如果不去探讨他们的情绪反应，你可能很容易做出错误的判断。发觉并放下你对他们情绪的评判，这会帮助你们双方理解客户的情绪表达的含义。

经常被误解的情绪反应包括以下几种。

1. 紧张的笑声。 发笑往往被看作对一种局面的轻视，但是有些人会在感到尴尬或害羞时发笑。耶鲁大学心理学家奥丽安娜·阿拉贡（Oriana Aragon）说，紧张的笑声是一种平衡情绪的方式，就像喜极而泣一样。不要问客户他们认为什么好笑，或者假定他们愿意继续前进。相反，问一问他们的笑声对于此刻的他们意味着什么。例如，你可以说："你在笑。你刚才想到了什么？"

2. 眼神交流的改变。转移目光或保持强硬的眼神并不意味着客户在抗拒你。你也许触及了一个对方没有说出口的真相。保持接纳和好奇，询问客户是否愿意分享他们的想法。

3. 轻易的、迅速的附和。你给出一个回放，客户马上回答："你说得对。""我明白你的意思。"当心！不要把这种回答当作一种肯定。和紧张的笑声一样，客户也许是在试图回避一个令其不舒适的真相。问一问他们认为什么是对的，或者现在他们明白了什么。

4. 眼泪。哭泣并不总意味着一个人感到伤心或难过。眼泪可能是压力的生理结果或失望的堆积。当眼泪涌出客户的眼眶时，给他们一点时间，安静地等待，直到他们表示可以继续了。一般来说，如果你平静地保持沉默，他们会在准备好继续谈话时让你知道。如果哭泣无法平复，你可以提议重新安排谈话时间，但这只是万不得已的对策。给客户一点时间去恢复自我控制，胜过让他们因为哭泣而感到软弱。一旦他们的情绪稳定下来，你可以问一下他们是否愿意谈谈流泪的原因。

5. 防御。防御是客户对不想听到的信息做出的自然反应。人们不喜欢感觉自己做错了事，他们有可能本能地自我防御、生气或停止前进。问一问他们不愿听到或接受什么。在不伤害身体的情况下，让他们通过发泄去释放情绪。保持同情的好奇心。只要你不火上浇油，客户的防御心理通常会消退。

6. 犹豫。犹豫往往被解释为客户缺乏行动意愿，也可能是因为客户害怕冒险，担心别人会怎样评判他们的改变，或者担心改变会对他们自己的身份产生影响（"如果我这样做我会成为谁？"）。回放你注意到的犹豫并询问是什么在阻止他们。他们也许会透露某件事情，从而改变教练谈话的方向。

在谈话中去掉"我"的意识

要想成为非反应性思维伙伴，请尽量从你的谈话中排除"我"。只要你完全沉浸于谈话并且抑制你讲述自己的观点或故事的需要，你就能与客户保持稳固的良好关系。

"我"是很难去掉的，因为它是帮助你应对生活问题的视角的一个组成部分。但是，只有让你的意见和评判退出谈话过程，你才能体验到教练工作的心流状态。你仍然会产生情绪反应，不过你不会陷入由"我"的意见和评判织成的罗网。

尝试花20分钟四处走走，观察你的世界并且不让"我"掺入其中。看看你是否能够像第一次看到它们一样观察周围的事物、场景和人。你觉察到哪些细微的差别？哪些观察引起了你的好奇？哪些细节打开了你的心？当你让"我"引领你的生活时，你会错过很多东西。

即便经过练习，你大概仍然会在从"我"的状态思考和从无"我"的状态培养当下感及觉察这两极之间摇摆。放下"我"是一个令人向往的状态。你越是能够从这个状态去教练，成效就越迅速、越深入。

发觉你的评判

你的评判有很多面孔。除了对客户的情绪或信念做出反应，当你主动给予他们建议时，你是在评判客户缺乏思考能力。当他们列出多种担忧时，替他们选择谈话的方向也是一种评判。如果你希望人们更开放地独立思考，而且你相信他们有这个能力，你就必须及时发觉你从他们的思维伙伴转变为"真理持有者"的那些时刻，在这种情况下你会不自觉地变成想要引导谈话的专家。

你需要培养的思维习惯是把你的评判当作一种情绪反应并捕捉它。当你能够把评判的感觉当作一种生理反应捕捉到时，你就能通过呼气释放这种紧张，并且选择回到完全处于当下的状态。我的评判感觉会袭击我的横膈膜位于两肋中间的区域。有时我能感觉到这种紧张上升到胸部和喉部，似乎想要从我的嘴里溜出去。

我并非总能在说话前发觉我的评判。我的话语和反应夹带着我的偏见。因此，我在练习及时觉察那些渗入我的话语的意见。在发现自己的评判后，我会马上重新调整自己并回到伙伴关系，这一点比其他任何事都重要。我会迅速收回我说的话："对不起，让我重新表述一下。"然后我尝试回放在我插话之前听到的内容。我允许客户在我说错时纠正我。随后我可能会问他们是否想探讨他们的观点正在如何影响他们期望的结果，但是我会注意这样做是出于好奇，而不是想要去影响对方。

评判是如此常见，以至于我们往往错过那些触发的时刻。为了帮助你识别你身体的哪个部位感受到了评判，请按照本章结尾介绍的步骤去做。你还可以有意识地引发你的评判以识别这种感觉。观看或阅读新闻，上网浏览帖子，或者尝试走过人多的地方，以便有意地激活你的评判。然后，练习通过释放这种紧张去澄清你的大脑。

练习要点

以下提示有助于你培养暂停评判地思维习惯。

1. 停下来并觉察你是否在评判他人。练习发现评判情绪如何显现在你的身上,以便你能在它影响你的想法之前捕捉到它。

2. 不要因为评判而批评自己。你会因为人们的外貌、年龄、政治或宗教观点、性取向、残疾、粗鲁行为,以及对你的批评而产生各种本能反应。评判是人的一种正常反应。不要生自己的气或丧失信心。和尽力使自己不产生评判相比,你在察觉评判后勇敢地选择去做的事更加重要。

3. 质疑你的各种假定和意见。是什么信念在驱动你的反应?不要为你的反应辩解,只是好奇地了解它来自何处。

4. 不再坚持自己是正确的或拥有决定权。请记住,你的客户需要感到被倾听和被接受。除非他们的观点会影响他们想要的结果,否则就深呼吸,释放你的反应。如果你认为他们所说的话会阻碍他们期望的结果,那就请他们重新表述自己想要实现的目标。然后,你可以问一问他们所说的话与他们期望的结果是协调一致的,还是有可能阻碍他们实现目标。

5. 努力让自己每天对他人保持好奇。乐于寻找那些超出你的认识的想法,以获得新的发现。请记住,每个人都是在按照自己的思维框架行动。你不必同意他人的观点,但是你可以开放地倾听以理解他们的视角。你将得到内心的平静并改善你与他人的互动。

第10章
觉察评判并将其释放

我们都是生产评判的"大型机器"。同时，作为人类，我们能拓展自己的视角。我希望世界上人人都愿意超越自己的偏见来看待问题。我希望你也有同样的愿望。

> 养成觉察并释放包括评判在内的各种情绪的习惯，
> 这就是情绪识别。

不仅是教练工作，在任何情况下，你越是善于识别那些决定你心境和影响你思想的情绪，你就越有能力转换到更有益于当下的其他感受。通过培养情绪识别的思维习惯，你能够选择你想要的感受，而不是被动地做出反应。

准确地说出你的感受往往是很难的，因为你大概从未受过这种训练。此外，你可能同时感受到不止一种情绪。不仅各种情绪会重叠和混合，而且你可能会用不同的词来命名同一情绪反应的各种变体，这使情绪觉察成为一项很难掌握的技术。尽管这项技术是有难度的，但掌握它也不是不可能的，只要你按以下两个步骤去练习。

1. 停下来并觉察你的情绪状态。

2. 命名你此时的感受。

提高情绪识别能力的第一步是停止你正在做的事并做一个身体检查。你是否在任何部位都保持紧张？你的下巴是绷紧的吗？双肩是收紧的吗？胃在疼痛吗？你的呼吸浅而急促吗？你如何摆放自己的胳膊、手、腿和脚？问问自己这种紧张可能是由哪些情绪导致的。

即使你不能命名你的感受，练习识别身体状态和精神状态上的变化也是一个不错的开始。大多数人不会识别他们一整天内情绪上的变化。他们只会在一天结束时感到疲倦、沮丧或满足。

如果你一天至少三次有意地停下你在做的事并问自己"我现在有什么感受"，你就能开始培养情绪识别的习惯。坚持这个练习至少三周后，你会更自然地在一整天里觉察自己的情绪变化。

随着练习的继续，你将改进你在教练工作中觉察情绪反应的能力。然后你可以运用第8章讲过的回归当下练习来调整你的大脑：放松你的身体；摆脱大脑中的杂念；将你的意识归于身体的中心；聚焦于你想要的情绪，以回到与客户同在当下的状态。

在接下来的三周里，每天为自己设置四次闹铃提醒（可利用手机或手表），以便检查你的情绪。重要的是评估你当下的感受，而不是依赖回忆。每周改变一次间隔时间，这样你就不会总在每一天的同一时间进行检查。在纸上或电子设备上跟踪并记录你的情绪，这样你就可以检查自己是否注意到任何情绪模式。

从命名一些基本情绪开始你的练习。判断你是否感到生气、沮丧、急躁、评判、焦虑、厌恶、失望、伤心、惊讶、坚定、快乐或满足。你可能会同时感受到不止一种情绪。看看你能否识别出各种情绪的身体感觉。只要你把身体中的感受分离出来，你就能一边感受一边选择行动。然后这些情绪就会消退，让你更容易通过做选择来转变情绪。

经过几周的练习（停止行动并命名情绪），尝试识别除基本情绪之外的情绪变体。请运用表1中列出的名称来拓展你的情绪词汇。

请记住,你是在努力让自己更多地觉察所有的情绪。它们没有对错之分。因此,诚实是很重要的。在经过至少三周的情绪识别练习之后,你应该能够在没有闹铃提醒的情况下继续练习。

这个练习的目标是养成思维习惯,即当你发生情绪反应时能察觉它们。这使你有机会根据你的意愿去选择其他情绪。选择成为你大脑的主人,而不是情绪反应的受害者。

表1　情绪词汇清单

基本情绪	关联情绪					
愤怒	狂怒	愤慨	仇视	厌恶	恼怒	气恼
	生气	报复	受骗	好斗	叛逆	抗拒
	嫉妒	高傲	蔑视	鄙视	憎恶	震惊
	反感	怀疑	嘲讽	谨慎	担忧	忧虑
恐惧	恐慌	惧怕	担心	害怕	焦虑	急躁
	不安	惊吓	威胁	紧张	压垮	困扰
沮丧	困惑	受挫	茫然	迷失	隔绝	受困
	孤独	孤立	悲哀	悲惨	悲伤	忧郁
	绝望	压抑	摧垮	无助	软弱	脆弱
	抑郁	严肃	阴沉	失望	痛苦	无能
	害羞	冷落	放弃	虚弱	恶心	厌倦
	疲倦	累垮	冷漠	散漫	无聊	愚蠢
	耗尽	失意	抱怨	焦急	暴躁	激动
羞耻	丢脸	蒙羞	难堪	羞愧	不安	内疚
	遗憾	悔恨	反省	难过	超然	冷淡
惊奇	震惊	惊吓	吃惊	惊愕	惊讶	钦佩
激情	热情	兴奋	激动	亢奋	热诚	狂热
	欢愉	狂喜	好胜	任性	坚定	自信
	勇敢	热切	乐观	欣慰	自豪	热烈

续表

基本情绪	关联情绪					
快乐	愉悦 高兴 希望	幸福 可笑 好奇	开心 梦幻 兴趣	喜悦 入迷 专注	得意 赞赏 活泼	幸运 感激 快活
平静	满意 舒适	宽慰 接纳	安宁 宽恕	放松 接受	满足 关爱	矜持 宁静
关爱	爱慕 尊重	赞赏 友好	恭敬 赞同	热爱 同情	慈爱 友善	支持 慷慨
其他： （写下你自己的情绪感受）						

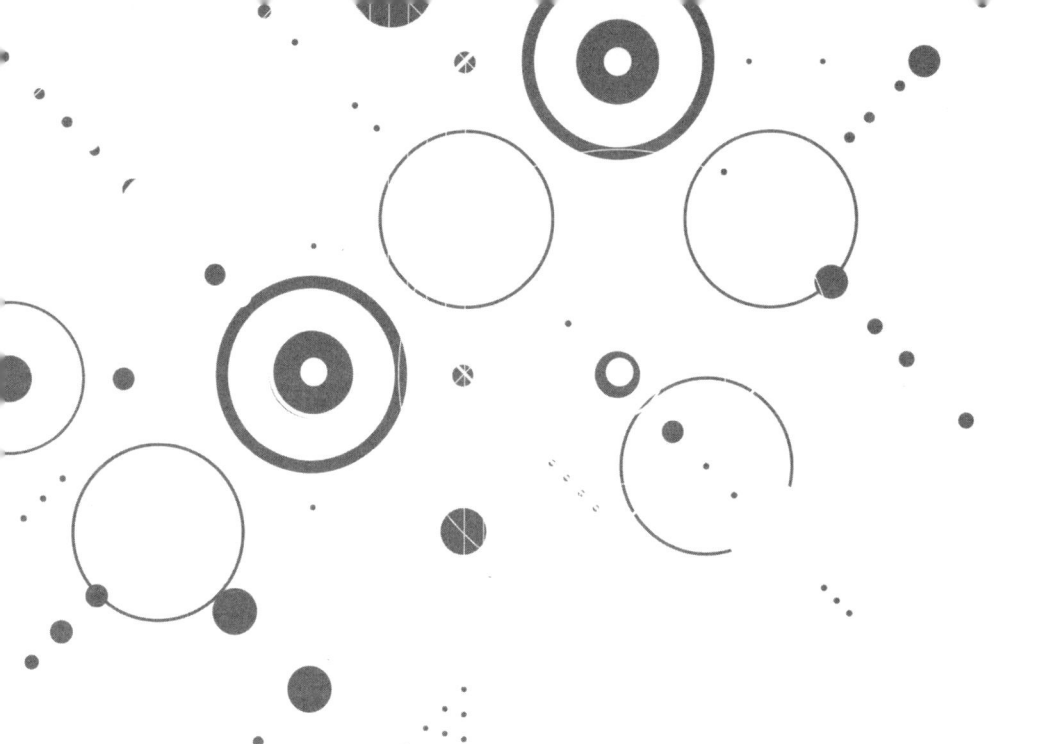

结 语

超越谈话：将教练作为一种生活方式和文化

"我们是谁"和"我们做什么"是紧密相连的。

——埃米尼亚·伊贝拉

在我接受教练培训一年后，我和一群相识多年的朋友共进午餐。吃饭时，一位朋友说："玛莎，我想让你知道，最近和你相处是多么愉快的事情。"我微微一笑，然后问她指的是什么。"我只是感觉和你谈话比以前轻松多了。"我侧着头，鼓励她继续说下去。"对，就像现在，你更多地选择倾听。我不知道，你似乎对我们更感兴趣了。不要误会我的意思——你是那么聪明，你总有好的建议。还有你讲的故事也很棒！不过你有一些改变。我只是想让你知道。"餐桌旁的所有人都表示有同感。我最要好的朋友察觉到我的不舒适，她举杯提议大家为友谊干杯，随后转移了话题，说起她发现的一家新餐馆，建议我们下个月去那里吃饭。

那些话困扰了我好多天。以前我是一个糟糕的朋友吗？我不喜欢别人打断我的话给我提出建议。难道我以前就是这样一个令人讨厌的人吗？

在深入思索了多日后，我突然醒悟了："不管怎样，他们仍然是我的朋友。他们在遇到重要问题需要解决时会来找我。在工作阻碍我们相聚时，他们会想念我。因此，我原谅自己过去扮演的万事通角色，感谢上帝让我找到了教练这份工作！"就在那时，我意识到我的教练习惯正在变成我的生活习惯。

我记得我的第一位教练老师说过："做教练工作和成为一名教练是不同的。"教练工作不只是在特定的场合运用各种技术。随着教练思维深入你的骨髓，它会成为你与他人相处的方式。诸如保持当下感、接收信息而不只是倾听，放下评判等这些思维习惯，会改变你的人际交流方

结语
超越谈话：将教练作为一种生活方式和文化

式。运用回放式陈述并确认问题，这会减少各种假定，使谈话目标保持一致。

很明显，我的朋友们感觉受到了关注。我们之间的关系加深了。我的当下感使我们的交流发生了改变。我意识到我正在成为一名教练。

成为一名教练

如果你刚开始接触教练工作，请不要等到感觉有信心后才去实践。欧洲工商管理学院和哈佛大学的组织行为学教授埃米尼亚·伊贝拉（Herminia Ibarra）说，我们不能指望等自己将来更有钱或更有声望之后再去计划如何发展自我。她说我们需要从现在开始在行为上做出细微的调整，因为我们是由"我们所做的事、我们交往的人、我们讲述的关于工作和生活的故事"界定的。当人们问你做什么工作时，骄傲地告诉他们你是一名教练。无论何时，只要得到许可，你就可以与他人开展教练谈话。当你见证了自己在帮助人们解决难题并向前迈进这方面拥有的影响力时，你会开始重新定义自己。然后，随着你的身份转变，你就从实践教练工作转变为一名真正的教练去参与所有的互动，包括面对面互动、网络互动、会议室里的互动、走廊里的互动，以及在午餐交谈中的互动。

> 当你成为一名教练时，人们会感觉被看到、被倾听和被重视。认可你的影响力，这样它就成为你的身份的一部分。

我写这本书的目的是消除教练工作的神秘色彩，以便任何想要开展更有意义的谈话的人在所有场合都可以运用它。我相信教练工作能够让人们即使在最困难的时期也能保持不灭的希望。我们也许不能拯救世界。我们甚至无法对付那些导致分裂和伤害的力量。但是，只要我们彼此给予教练的礼物，我们就能激发乐观精神和向着美好明天前进的愿望。

培育教练文化

第1章描述了教练工作通过影响大脑去拓展见解，帮助我们看到新的可能性，以及激发行为改变。不管你是支持教练工作的CEO还是其他领导者，请考虑将教练工作引入你的组织。针对向领导者传授教练技术的那些公司所做的调查研究已经证明，教练工作拥有提高生产效率、参与度和成效的力量。

当组织机构投入教练文化的培育时，最大的获益很可能是员工参与度的提升。更高的参与度会产生许多积极的结果，包括减少旷工、降低人员流动率，以及更快地适应变化。致力于培育教练文化的组织机构为高层领导者提供教练指导，培训经理们运用教练技术，并且鼓励所有员工从主管和导师那里寻求教练服务以实现他们的目标。

在肯尼亚的一堂教练课上，有位领导者对我说："您给了我一个新的工作维度和各种技术，自从参加了您的课程，我一直在实践它们。最终，我看到了我们的组织中更多领导者获得了发展，还有更高水平的服务、提升的员工士气和全身心的投入。"

> 在组织中做一名教练会唤起员工的勇气和行动的意愿。
> 如果教练工作得到普及，你将拥有团结一心、勇往直前的文化。

结语
超越谈话：将教练作为一种生活方式和文化

一位全球航运公司的高层领导说："每一天我都感觉自己在选择正确的话语和提出正确的问题方面变得更有力量。我在更深的层面理解他人。结果是令人赞叹的。"

大多数公司是从安排一些领导者学习教练技术开始的。我认为最重要的是得到高层领导的支持去整合学到的各种技术。经理们需要感受到被支持，这样他们才会花时间经常实践教练工作，直到这些技术成为他们谈话的自然组成部分。

当我给领导团队讲授教练技术时，我会请CEO或其他高层领导（如果CEO不能到场的话）做开场发言。这些领导者往往会分享自己接受教练时的震撼体验。

在开始培训课程之前，我会和课程的内部资助者就如何衡量培训成果制定策略，以便他们能用事实去鼓励整个组织接受教练。我的一些客户制作了短视频分享给所有的员工，甚至包括工厂工人，重点介绍当他们的领导在谈话中运用教练方式时他们会有哪些收获。

> 当你创造出一种能够让他人在谈话中充分表达自我的安全的文化时，你不仅会激发他人最大的潜能，还会让自己表现出最佳状态。

在开始授课时我会问领导者，他们在离任后会因为什么而被人们记住。在课程结束时我又问同样的问题。他们的回答变了。学习如何运用教练方式进行有意义的谈话会给他人和自己的生活带来改变，所有人都希望因此而被人记住。

教练工作影响深远

回顾过去25年的教练生涯，我很感激能够与世界各地的教练共度美好时光。我仍然喜欢和老朋友相处，不过和教练在一起会让我更自在，因为我们都对教练工作充满了热情。

在这个分裂的、彼此孤立的世界，教练工作使人们团结在一起。当人们感到不知所措、疲惫和愤怒时，教练工作能让他们想起自己的目标、愿景和前进的力量。教练工作给他们实现愿望带来了希望。只需要一个回放和一个发问，教练工作就能拓展他们对自己的认识，以及他们能利用唯一的、宝贵的生命取得的成就。

感谢你坚持读到了最后这几页。正如玛格丽特·惠特利（Margaret Wheatley）所说，你是"人类精神的战士"。谢谢你。实践本书介绍的各种教练技术吧！教练工作无论何时开始都不算太晚。

致 谢

本书的完成有赖于我自25年前接触教练工作后遇到的所有教练、客户、导师、老师和朋友。我很难在此一一列出你们的名字，但是我对我们的相遇怀着无以言表的感激之情。认识你们是我的幸运。

非常感谢我的编辑尼尔·马莱特（Neal Maillet），当我的想法不清晰时，他敢于对我提出质疑，尽管他并不需要勇气让我倾听他的智慧和真理。

我向庞大的全球教练团体致敬，感谢同行们赐予我的友谊和学识。我特别感谢金字塔资源集团（Pyramid Resource Group）总裁DJ·密茨（DJ Mitsch），他既有勇气又有远见，创立了医疗保健教练学院并任命我为培训总监。设计和讲授培训课程对我撰写本书大有助益。我从每次的授课中得到了很多学习收获。

感谢佐兰·托多罗维奇（Zoran Todorovic）、何朝霞、隋于军、斯韦特兰娜·朱玛科娃（Svetlana Chumakova），你们给予我充分的信任，让我为你们的训练班讲授教练技术并允许我根据我对教练工作的领悟频繁地增加和改变课程。

感谢我的合作伙伴萝西·西米诺维奇（Dorothy Siminovitch），她不断地改变和加深了我对大师级水平的理解。

感谢我的啦啦队成员——泰瑞·E.贝尔福（Teri-E Belf）和薇琪·沙利文（Vickie Sullivan），你们都是我始终如一的支持来源。感谢海莉·福斯特（Hayley Foster）、温迪·怀特（Wendy White）、琳达·伦登（Linda Lunden）、艾琳·麦克达格（Eileen McDargh）、德内斯·麦克凯尔维（Dennece McKelvy）、斯蒂芬妮·罗索尔（Stephanie Rosol）、戴安娜·格罗（Diana Groh），感谢你们非凡的智慧和见解。特别要感谢托尼·科赫（Toni Koch），他在我全球奔波期间把一切打理得井井有条。

感谢我所有的学生和客户。本书所写的正是我从你们那里得到的感悟。

最后，我还要衷心感谢我的人生伴侣卡尔·施奈尔（Karl Schnell）。他无条件地支持我和我的工作，总是确保我有足够的空间，即便它会影响我们的计划。如果没有他，我的生命就不完整。

关于作者

玛莎·雷诺兹,心理学博士,大师级教练

怎样才能影响他人去追求更好的生活?这是玛莎·雷诺兹博士30年来一直在探索的问题。她知道告诉人们什么对他们最好是不管用的,尽管她青少年时期有过"改邪归正"的经历。当她发现教练这个行业时,她找到了答案。从此她便致力于钻研教练学问——为什么它在改变人们的思想行为方面有如此强大的力量,以及哪些教练方法是最有成效的。她热衷于向世界各地的教练和领导者传授她的研究成果。她知道教练工作能够以尊重和关爱的方式促进人们友好相处,为所有人创造一个更美好的世界。

作为Covisioning公司的总裁,玛莎在41个国家和地区为许多高管提供教练工作,并向学员和领导者传授教练技术。她还为那些想要在组织中建立教练文化的变革推动者提供咨询。她经常在各种会议上发表演讲,曾应邀在哈佛大学肯尼迪学院、康奈尔大学,以及欧洲和亚洲的多所大学发表演讲。

玛莎是教练行业的先驱。她曾是国际教练联合会的第五任全球总裁,并因其多年来为全球教练团体做出的贡献而被正式授予国际教练联合会荣誉成员称号。目前,她是医疗保健学院的培训总监,同时也是俄罗斯国际教练学院和创问中国教练中心的特聘教练。她还在全球许多组织中讲授教练技术课程。她被全球著名研究机构Global Gurus评为世界前五名教练之一。

在开创自己的事业之前，玛莎最大的成功来自为一家濒临破产的全球半导体公司设计员工发展计划。仅仅用时三年，这家公司便扭亏为盈并一举成为1993年股市最佳公司之一。

她的著作《不适区：领导者如何将艰难对话转化为突破良机》《超越你的大脑》和《漫游女：成功女强人如何找到满足和方向》引起了广泛的关注。关于这些作品的访谈和摘录出现在多家出版物和媒体上，包括《快公司》、Forbes.com、CNN.com、《今日心理学》《环球邮报》《华尔街日报》等。另外，她还出现在《ABC世界新闻》和欧亚多家商业刊物上。

玛莎对运用教练技术激发变革充满了热情。如果你或你的组织中的其他人需要教练服务，或者你想要指导你的领导团队或教练团队开展更多的变革性谈话，请通过电子邮件或电话与她联系：Marcia@covisioning.com或+1-602-954-9030。